CLE SCIENCE EXPERIMENTE

ISBN 978-3-8094-4175-5

1. Auflage

© 2020 by Bassermann Verlag, einem Unternehmen der Verlagsgruppe Random House GmbH, Neumarkter Str. 28, 81673 München

Copyright © der englischsprachigen Originalausgabe 2018 by Quarto Publishing plc. Veröffentlicht unter dem Originaltitel *Science Maker Book*.

Texte: Rob Beattie

Illustrationen: Tom Connell

Fotos: Michael Wicks

Modelle: Fiona Hayes

Layout: Starry Dog Books Ltd.

Umschlaggestaltung: Atelier Versen, Bad Aibling

Projektkoordination: Birte Dittmann

Übersetzung: Dr. Ulrike Kretschmer, München

Satz und Redaktion: Dr. Alex Klubertanz, Garmisch-Partenkirchen

Printed in China

Fett gedruckte Begriffe werden im Glossar auf S. 94f. erklärt.

C⚛️⚛️LE
SCIENCE
EXPERIMENTE

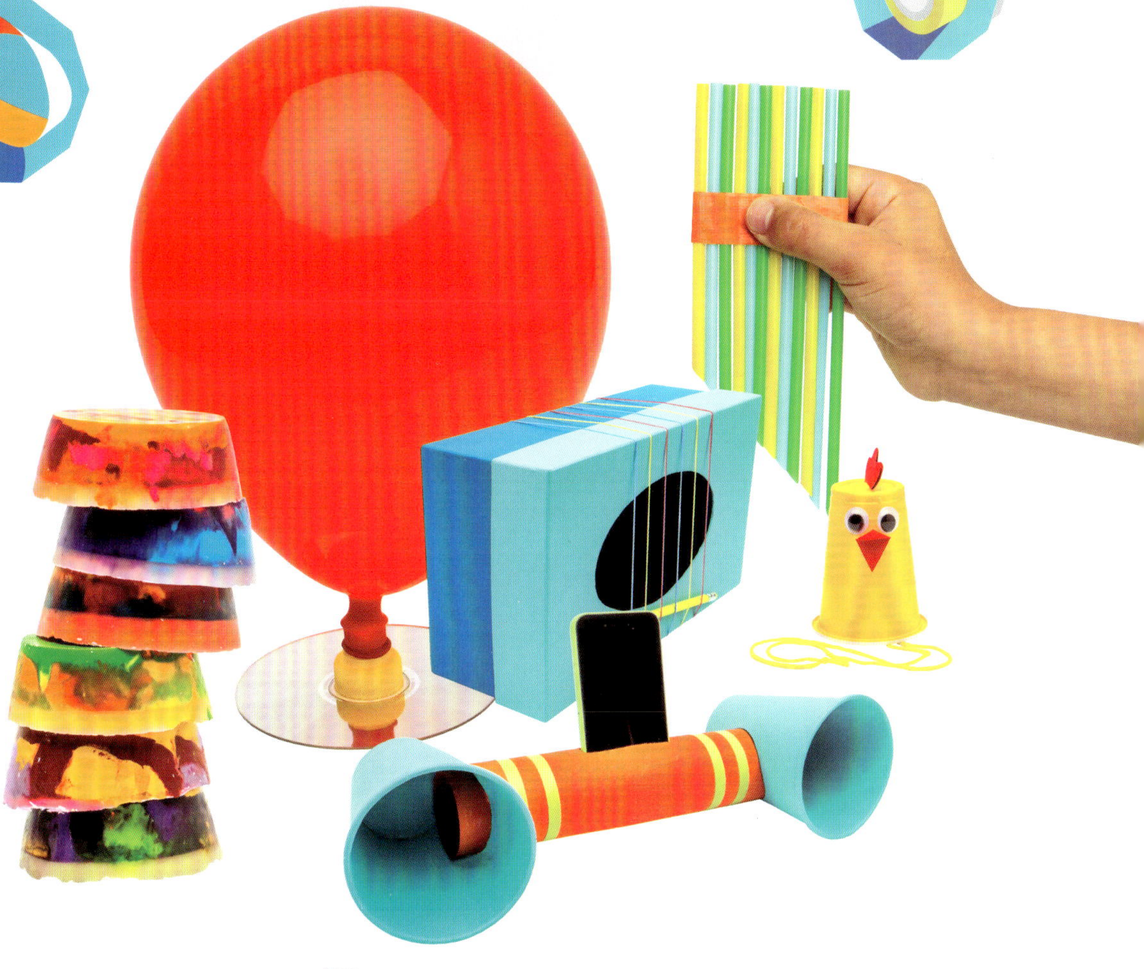

Bassermann

Inhalt

Ohne Wissenschaft geht gar nichts   6

PROJEKTE ZUM STAUNEN

Die Papiertreppe   8
Unsichtbare Tinte   10
Das Möbius-Rätsel   11
Fischtapete   12
Recycelte Wachsmalstifte   14
Cleverer Kompass   16
Geheimschmuck   19
Codierte Botschaften   22

HÖRBARE PROJEKTE

Sphärenklänge   24
Panflöte   26
Smartphone-Ghettoblaster   27
Kleiderbügelglocke   28
Spiel den Blues   30
Gackernder Becher   32

PROJEKTE ZUM RUMKLECKERN

Schokoladenbilder   34
Selbst gemachtes Eis   36
Essigvulkan   38
Im Dunkeln leuchtende Götterspeise   41
Murmelbutter   44
Selbst getöpferte Schale   46
Riesenseifenblasen   48

NATURPROJEKTE

Der Garten im Glas 52

Sterngucker 56

Treibsandglibber 58

Käferoskop 60

Regenmesser 61

Verblüffende Avocado 62

Blühende Farben 64

PROJEKTE MIT BEWEGUNG

Piratenmotorboot 66

Schwebender Kreis 69

Magnetischer Zug 70

Luftkissenboot 72

Naschkatapult 74

Hüpfender Frosch 77

Flaschentaucher 80

Auto mit Gummiantrieb 82

Flieger ohne Tragflächen 86

Fisch im Glas 87

Verschwindender Regenbogen 88

Spiralenmobile 89

Explodierende Stöckchenbombe 90

Unzerbrechliches Ei 92

Glossar 94

Register 96

Ohne Wissenschaft geht gar nichts

Hi, ihr da draußen, willkommen bei den coolen Science-Experimenten, die ihr zu Hause durchführen könnt und die nicht nur viel Spaß machen, sondern auch noch auf echter Wissenschaft basieren.

WILLKOMMEN AN BORD!

Du bist sicherlich ein kluges Köpfchen – sonst würdest du dieses Buch jetzt nicht in Händen halten –, und so freuen wir uns, dass du uns auf unserer wissenschaftlichen Entdeckungs-reise begleiten willst. Doch bevor es losgeht, möchten wir dir kurz zeigen, was dich auf den folgenden Seiten erwartet.

Wir haben uns für eine Mischung aus Projekten entschieden, die unterschiedliche wissenschaftliche Prinzipien verdeutlichen. Mit diesen Projekten hast du nicht nur eine Menge Spaß, ganz nebenbei bekommst du spannende Hintergrundinformationen, beispielsweise über die Newtonschen Gesetze, **Magnetfelder**, kinetische **Energie** oder Oberflächenspannung.

7

Einfache Schritt-für-Schritt-Anleitungen führen dich durch die einzelnen Projekte.

MATERIAL

Unter »MATERIAL« findest du die Werkzeuge und Mate-rialien, die du für die jeweiligen Projekte brauchst.

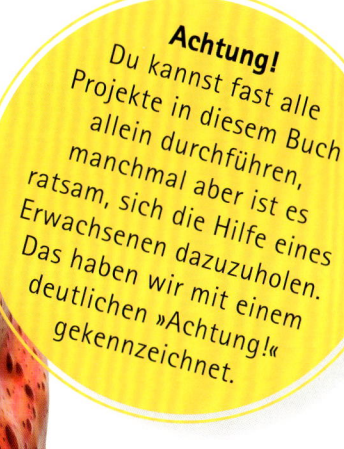

ALLTAGSGEGENSTÄNDE

Die Wissenschaft betrifft jeden Bereich unseres Lebens, ob uns das nun bewusst ist oder nicht. Aus diesem Grund haben wir die Projekte in diesem Buch so gestaltet, dass du dafür meist Gegenstände verwenden kannst, die in jedem Haushalt zu finden sind. Klar, hin und wieder musst du auch etwas kaufen, starke Magnete z. B. oder Holzdübel, aber all das ist leicht zu bekommen und nicht teuer (und wenn das Projekt abgeschlossen ist, wirst du sehen, dass es das Geld wert war!).

Außerdem haben wir uns darum bemüht, dass manche Projekte sehr schnell zu machen sind, während andere etwas mehr Zeit – und Mühe – erfordern. Denn, hey, Wissenschaft soll zwar Spaß machen, aber nicht zu einfach sein!

Achtung!
Du kannst fast alle Projekte in diesem Buch allein durchführen, manchmal aber ist es ratsam, sich die Hilfe eines Erwachsenen dazuzuholen. Das haben wir mit einem deutlichen »Achtung!« gekennzeichnet.

DIE ERKLÄRUNG

In einem solchen Kasten findest du die wissenschaftliche Erklärung, die hinter dem jeweiligen Projekt steckt.

EXPERIMENTIERE!

Der Schriftsteller und Forscher Jules Verne hat einmal gesagt: »Forschen bedeutet, Fehler zu machen. Doch sind es nützliche Fehler, denn sie führen Schritt für Schritt zur Wahrheit.« Im Geiste Monsieur Vernes ermutigen wir dich also dazu, Fehler zu machen, auf Erkundungsreise zu gehen, zu experimentieren und über die wissenschaftlichen Prinzipien hinter den Projekten nachzudenken, weil es unglaublich viel Spaß macht, Theorie in Praxis umzuwandeln.

Aber genug davon.
Wir sehen uns auf der nächsten Seite!

Die Papiertreppe

Mit nur einem Blatt Papier, einem Bleistift und einem Filzstift kannst du eine Treppe erschaffen, die durch das Papier nach unten in die Dunkelheit führt ...

MATERIAL

Weißes Papier

Lineal

Bleistift, am besten im Härtegrad 2B

Schwarzer Filzstift oder Permanentmarker

1

Zeichne ein Rechteck auf das Blatt Papier.

2

Zeichne nun senkrechte Linien, die das Rechteck wie abgebildet in Abschnitte einteilen.

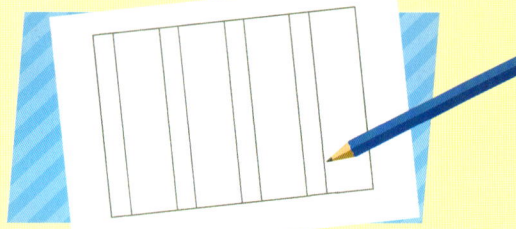

3

Zeichne von der linken oberen Ecke aus eine Linie, die im 45-Grad-Winkel nach unten führt, dann eine gerade Linie. Fahre so fort, bis du den rechten Papierrand erreicht hast.

4

Zeichne die in Schritt 3 eingefügten Linien sowie den oberen Rechteckrand und den oberen Teil des rechten Rands mit Filzstift nach.

5

Male die entstandene Fläche mit Filzstift aus und anschließend die schmalen senkrechten Balken mit Bleistift.

6

Markiere einen Punkt in der Mitte des rechten Rechteckrands und ziehe eine Linie von dort in die linke obere Ecke. Male diesen Bereich deiner Treppe mit einer hellen Bleistiftschraffur aus.

7

Wenn du den Bereich mit Bleistift ausgemalt hast, ist deine **3D**-Zeichnung fertig!

DIE ERKLÄRUNG
OPTISCHE TÄUSCHUNG

Dein Gehirn bestimmt weit mehr, was du siehst, als du vielleicht denkst. Deine Augen z. B. sehen alles auf dem Kopf stehend, und erst dein Gehirn dreht das Bild richtig herum. Zu optischen Täuschungen kommt es, weil dein Gehirn erklären will, was du siehst. Und das sind täglich Millionen Dinge, weshalb dein Gehirn richtig viel zu tun hat. In dieser Zeichnung erzeugen die Linien und Schattierungen die Illusion einer Treppe, die durch das Papier nach unten führt. Dein Gehirn glaubt, die Treppe sei real und das zweidimensionale Bild besitze die dritte Dimension der Tiefe.

Noch deutlicher wird der 3D-Effekt, wenn du deine Zeichnung mit leicht zusammengekniffenen Augen betrachtest.

Die Bleistiftschattierung wird weicher, wenn du sie mit dem Finger verwischst.

Unsichtbare Tinte

Du willst eine Botschaft schreiben oder zeichnen, die nur lesen kann, der weiß, wie sie sichtbar gemacht wird? Wir verraten dir, wie das geht!

MATERIAL

½ Zitrone

Kleine Schale

Teelöffel

Wasser

Wattestäbchen

Weißes Papier

Glühlampe (keine Energiesparlampe)

Achtung!
Glühlampen können sehr heiß werden! Bitte einen Erwachsenen um Hilfe, berühre die Glühlampe nicht und sieh auch nicht direkt in das helle Licht.
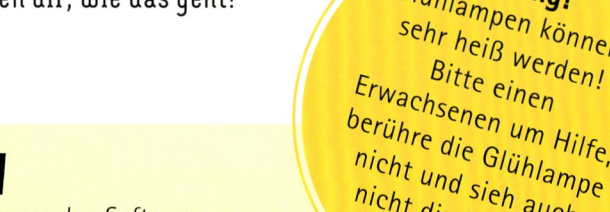

1 Presse den Saft von ½ Zitrone in eine kleine Schale.

2 Füge 2 Teelöffel Wasser hinzu und rühre mit einem Wattestäbchen um. Schreibe oder zeichne mit dem Wattestäbchen und dem verdünnten Zitronensaft deine geheime Botschaft auf ein Stück Papier.

3 Ist das Papier trocken, halte es vorsichtig über eine heiße Glühlampe – aber nicht zu nah, sonst verbrennt es!

4 Bewege das Papier über der Glühlampe, bis die geheime Botschaft sichtbar wird.

DIE ERKLÄRUNG
OXIDATION

Durch den Kontakt mit Wärme und Luft (Sauerstoff) färbt sich der Zitronensaft braun, da dadurch ein in ihm enthaltenes **chemisches Element** – der **Kohlenstoff** – freigesetzt wird. Diesen Prozess nennt man **Oxidation.**

Das Möbius-Rätsel

Wenn man einen Streifen Papier in zwei Hälften schneidet, hat man hinterher zwei Streifen, stimmt's? Tja ... nicht immer! Bringe deine Freunde mit der Möbiusschleife, die nur eine Seite hat, zum Staunen!

MATERIAL

Schere

Dickes Papier oder dünner Karton

Klebeband

Bleistift

1 Schneide vom Rand des Papiers oder Kartons einen etwa 2 Zentimeter breiten Streifen ab.

2 Schließe den Streifen zu einem Ring zusammen, verdrehe ein Ende dabei aber um 180 Grad.

3 Klebe die Enden mit Klebeband zusammen. Du hast nun eine Schleife mit einer Drehung darin, eine »Möbiusschleife«.

4 Zeichne in der Mitte des Streifens eine Linie bis zu deinem Ausgangspunkt. Was geschieht?

5 Aber jetzt wird's wirklich verrückt: Stecke eine Schere vorsichtig in die Linie, die du gezeichnet hast, und schneide an ihr entlang. Das Ergebnis fällt möglicherweise anders aus, als du erwartet hast.

Noch mehr staunen wirst du, wenn du das Ende zweimal verdrehst, bevor du die Schleife zusammenklebst und an der Mittellinie entlangschneidest!

DIE ERKLÄRUNG
EINE SEITE, EINE KANTE

Durch die Drehung hat die Möbiusschleife nur eine Seite und eine Kante, nicht zwei, und kann nicht in zwei Hälften geschnitten werden!

Fischtapete

Mit echten Fischen will sich niemand sein Schlafzimmer tapezieren, aber die hier aus Papier zeigen, wie man aus einer schlichten Form wirklich erstaunliche Muster zaubern kann.

MATERIAL

Papier

Lineal

Bleistift

Geduld!

1

So haben wir unseren Fisch gemacht: Zeichne eine 2½ Zentimeter lange senkrechte Linie.

2

Miss vom oberen und unteren Ende der Linie waagerecht jeweils 2½ Zentimeter ab und markiere die Stellen mit einem Punkt.

Warum Geduld?
Weil du viele Fische brauchst, um eine »Parkettierung« (ein Mosaik) zu erzeugen. Du kannst das Muster entweder immer wieder kopieren oder dir eine Schablone aus Karton anfertigen und um diese herumzeichnen.

Diese Parkettierung benutzt ein simples Nase-an-Nase-Muster.

3

Ziehe nun eine Linie vom oberen Ende des senkrechten Strichs zum unteren Punkt und umgekehrt.

4

Miss von der Stelle, an der sich die diagonalen Linien kreuzen, wiederum waagerecht 2½ Zentimeter ab und setze dort einen dritten Punkt.

5

Verbinde die Enden der Diagonalen mit dem Punkt und zeichne einen letzten Punkt als Auge ein. Wähle ein Muster – z. B. Nase an Nase – und wiederhole den Fisch viele Male.

Hier ist das »Kante-an-Kante«-Prinzip dort durchbrochen, wo die Fische Nase an Schwanz liegen.

DIE ERKLÄRUNG
PARKETTIERUNG

Eine Parkettierung ist ein Muster, das entsteht, wenn man eine oder mehrere **geometrische Formen** Kante an Kante aneinanderlegt. Unsere Fischform ist denkbar einfach, da sich jeder Fisch als 3 Dreiecke oder 1,5 Quadrate »lesen« lässt. Wenn man das Muster um 45 Grad dreht und sich die Augen und die Schwanzflossenenden wegdenkt, sieht man ein Schachbrett.

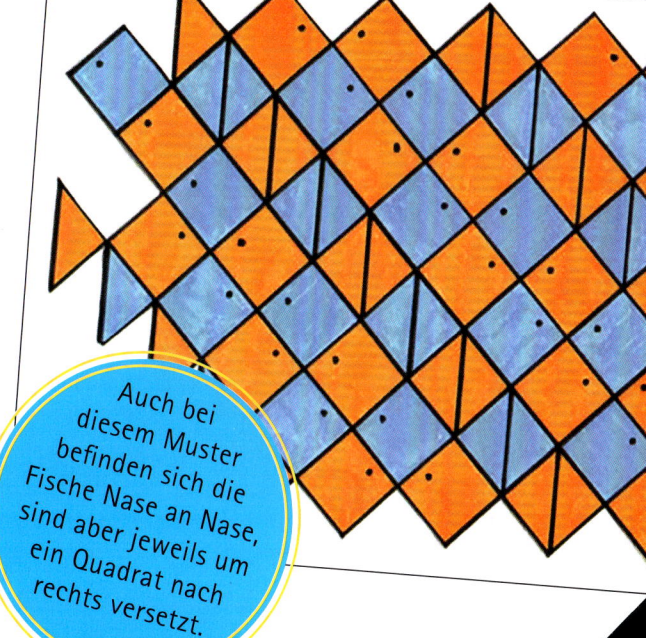

Auch bei diesem Muster befinden sich die Fische Nase an Nase, sind aber jeweils um ein Quadrat nach rechts versetzt.

Recycelte Wachsmalstifte

Du weißt nicht, wohin mit deinen alten, zerbrochenen Wachsmalstiften?
Hier erfährst du, wie du ihnen neues Leben einhauchen kannst.

MATERIAL

Alte, zerbrochene
Wachsmalstifte

Keks- oder Muffin-
backform aus Silikon

Backofen

1

Kratze eventuelles Papier von den
Stifte ab und lege die Stifte in die
Mulden der Silikonbackform.

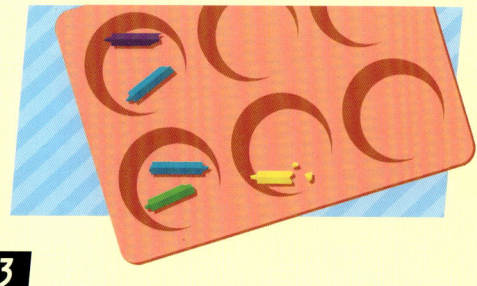

2

Interessanter wird die Sache, wenn du
verschiedene Farben in eine Mulde gibst.

3

Heize den Ofen auf 90 °C vor und bitte
einen Erwachsenen, die Form hineinzu-
stellen. »Backe« die Stifte 10 bis 15 Minuten.

4

Sieh dir die Mischung in den Mulden an:
Die Wachsmalstifte sind hoffentlich zu
einer bunten Flüssigkeit geschmolzen.

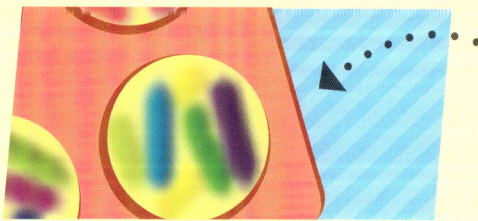

Du willst wissen,
ob die Stifte auch in
der Sonne schmelzen?
Spar dir die Zeit – in der
Sonne ist es dafür
einfach nicht heiß
genug.

5

Lass die Flüssigkeit abkühlen und drücke die Wachsscheiben aus den Mulden. Die gerade Seite eignet sich hervorragend dazu, große Flächen schnell anzumalen. Mit der Oberseite kann man auch gut Blätter auf Papier abpausen, mit den Rändern kann man dünne Linien malen. Und wenn du die Scheiben etwas drehst, ändert sich die Farbe!

DIE ERKLÄRUNG
AGGREGATZUSTÄNDE

Die **Materie** – also alles, was uns umgibt – ist fast immer fest, flüssig oder gasförmig; man nennt das Aggregatzustand. Durch Erhitzen kann sich der Aggregatzustand ändern. Denn auch feste Gegenstände bestehen aus winzigen **Partikeln,** die durch **Kräfte** zusammengehalten werden. Diese Kräfte lassen beim Erhitzen nach – der Gegenstand verflüssigt sich. Beim Abkühlen werden die Kräfte wieder stärker und der Gegenstand verfestigt sich. Diesen Prozess – von fest zu flüssig zu fest – durchlaufen auch die Stifte.

Cleverer Kompass

Ermittle deinen Standort auf altmodische Weise, indem du dir einen Kompass bastelst, der magischerweise — oder magnetischerweise ...? — immer nach Norden zeigt.

Je stärker der Magnet, desto länger bleibt die Nadel magnetisch und desto besser funktioniert der Kompass. Versuche es mit einem keramischen Scheibenmagneten, wie sie auf Kühlschrankmagneten zu finden sind.

MATERIAL

Nähnadel

Wachspapier

Schere

Magnet (Hufeisen- oder Kühlschrank- magnet)

Schale mit Wasser

1

Nimm eine Nadel – Achtung: spitz! – und einen Magneten zur Hand.

2

Reibe den Magneten 20-mal an der Nadel, und zwar immer in dieselbe Richtung: Beginne am Öhr und reibe zur Spitze hin.

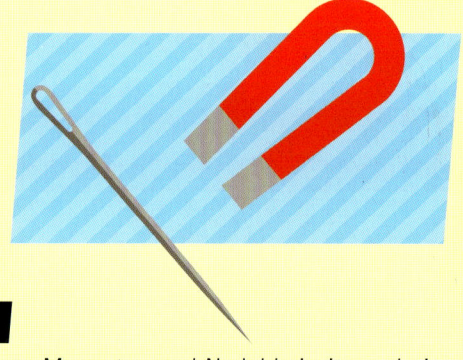

3

Lege Magneten und Nadel beiseite und nimm ein Stück Wachspapier.

Halte Magnete immer von Computern und Mobiltelefonen fern – sie können die Geräte stören oder sogar kaputt machen.

Schneide einen Kreis aus dem Wachspapier aus, dessen Durchmesser kleiner ist als die Länge der Nadel.

Stich mit der Nadel durch den Wachspapierkreis.

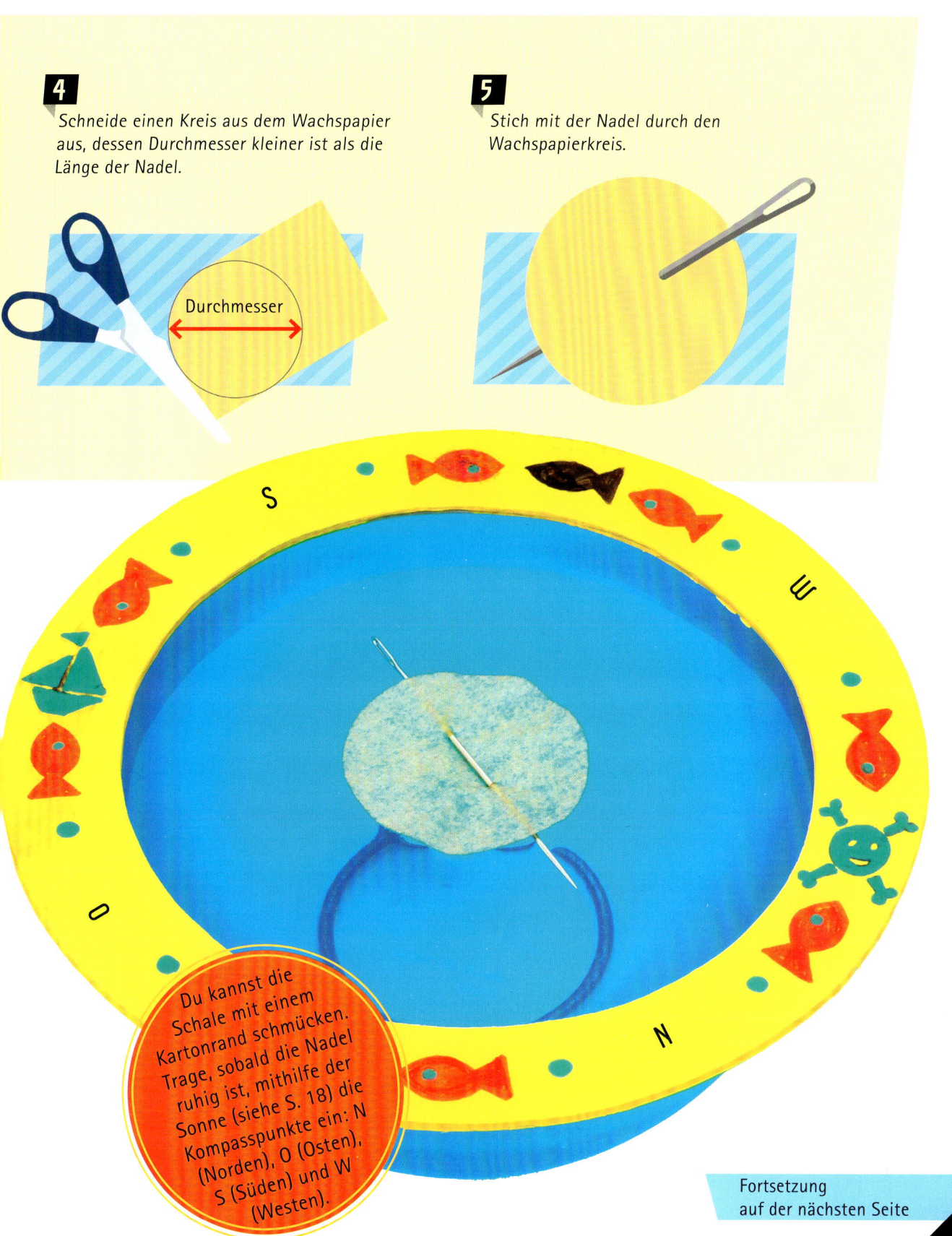

Durchmesser

S

E

O

N

Du kannst die Schale mit einem Kartonrand schmücken. Trage, sobald die Nadel ruhig ist, mithilfe der Sonne (siehe S. 18) die Kompasspunkte ein: N (Norden), O (Osten), S (Süden) und W (Westen).

Fortsetzung auf der nächsten Seite

6

Drücke die Spitze der Nadel wieder durch das Papier. Die Nadel sollte mittig auf dem Kreis platziert sein.

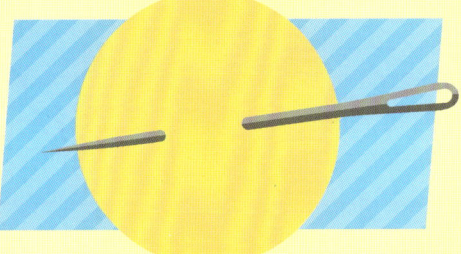

7

Lege den Wachspapierkreis mit der Nadel vorsichtig auf das Wasser in der Schale.

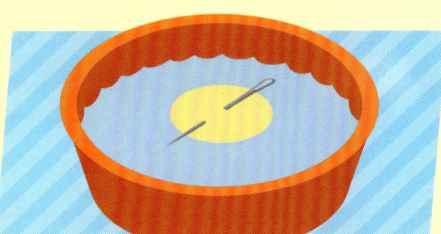

8

Nach kurzer Zeit wird sich die Nadel von selbst bewegen. Sobald sie das nicht mehr tut, hat sie sich nach Norden und Süden ausgerichtet.

Kompasse werden auch heute noch verwendet, vor allem von Wanderern fern jeglicher Mobilfunkmasten. Und zum Glück kann man sich auch heute noch auf das 2000 Jahre alte Gerät verlassen!

DIE ERKLÄRUNG
MAGNETISCHE ANZIEHUNG

Als du den Magneten an der Nadel gerieben hast, hast du die Nadel in einen Magneten verwandelt. Wie? Normalerweise besitzen Gegenstände aus Metall winzige magnetische Teilchen in ihrem Inneren, die in verschiedene Richtungen ziehen und schieben. Der Magnet lenkt alle Teilchen in die gleiche Richtung, die Nadel ist dann magnetisch ausgerichtet. Auch die Erde ist ein riesiger Magnet, und da sich Magnete gegenseitig entweder anziehen oder abstoßen, zieht es ein Ende der Nadel zum magnetischen Nordpol und das andere zum magnetischen Südpol. Wo Norden ist, findest du heraus, wenn du deinen Kompass an einem sonnigen Morgen mit nach draußen nimmst: Dazu musst du nur wissen, dass die Sonne im Osten aufgeht.

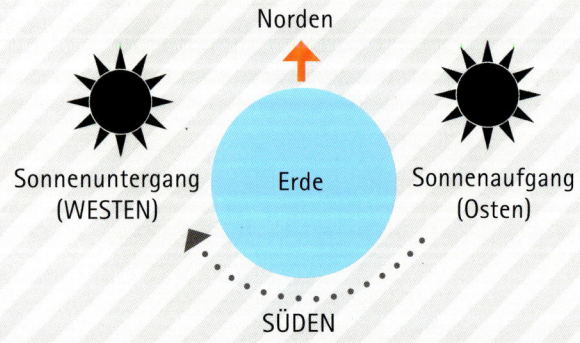

Norden

Sonnenuntergang (WESTEN)

Erde

Sonnenaufgang (Osten)

SÜDEN

Geheimschmuck

MATERIAL

Jede Menge Perlen, aber in nur zwei verschiedenen Farben

Ein Stück elastische Schnur oder eine gewachste Baumwollschnur

Wie wäre es mit einer Kette oder einem Armband mit einem geheimen Wort, das nur du verstehst? Du kannst dir ein solches Schmuckstück leicht selbst basteln — wenn du wie ein Computer denkst!

Du musst nicht unbedingt Perlen verwenden. Du kannst alles nehmen, was sich auf eine Schnur fädeln lässt, solange ein Gegenstand für die 0 und der andere für die 1 steht.

1

Wähle das Wort, das du in deinem Schmuck verstecken willst, und sortiere die Perlen in zwei Haufen. In unserem Beispiel stehen die blauen Perlen für die 0 und die orangefarbenen für die 1.

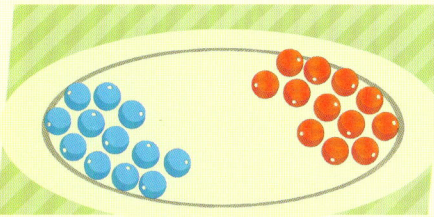

2

Lege den ersten Buchstaben deines geheimen Wortes mithilfe der **Binär**codetabelle auf Seite 20. Unser Wort ist der Name Rob, deshalb beginnen wir mit einem R.

0 1 0 1 0 0 1 0

Fortsetzung auf der nächsten Seite

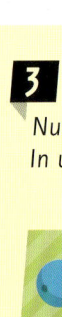

3

Nun ist der nächste Buchstabe dran.
In unserem Fall ist das ein o.

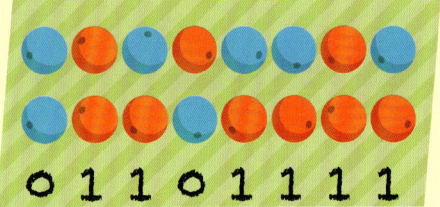

0 1 1 0 1 1 1 1

4

Der letzte Buchstabe in unserem Beispiel
ist ein b. Fahre so fort, bis du alle
Buchstaben hast, die du brauchst.

0 1 1 0 0 0 1 0

5

Fädle die Perlen für den ersten Buchstaben auf die Schnur.

6

Fädle die restlichen Perlen auf, schneide
die Schnur ab und verknote die Enden.

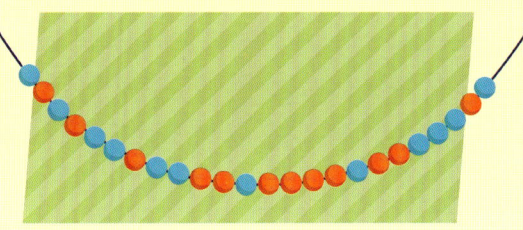

BINÄRCODE-BUCHSTABEN-TABELLE

Groß-buchst.	Binär-code	Groß-buchst.	Binär-code	Klein-buchst.	Binär-code	Klein-buchst.	Binär-code
A	01000001	N	01001110	a	01100001	n	01101110
B	01000010	O	01001111	b	01100010	o	01101111
C	01000011	P	01010000	c	01100011	p	01110000
D	01000100	Q	01010001	d	01100100	q	01110001
E	01000101	R	01010010	e	01100101	r	01110010
F	01000110	S	01010011	f	01100110	s	01110011
G	01000111	T	01010100	g	01100111	t	01110100
H	01001000	U	01010101	h	01101000	u	01110101
I	01001001	V	01010110	i	01101001	v	01110110
J	01001010	W	01010111	j	01101010	w	01110111
K	01001011	X	01011000	k	01101011	x	01111000
L	01001100	Y	01011001	l	01101100	y	01111001
M	01001101	Z	01011010	m	01101101	z	01111010

Unter
»Die Erklärung«
erfährst du, wie
die Umwandlung
von Buchstaben
in 0 und 1
funktioniert.

✺ ✺ ✺ ✺ ✺

DIE ERKLÄRUNG
BINÄRCODE

»Sieht« ein Computer einen Buchstaben, sieht er eigentlich nur acht Leerstellen, die er mit einer 0 oder einer 1 füllt. Jede dieser Leerstellen steht für eine Zahl: die erste für 128, die zweite für 64, die dritte für 32, die vierte für 16, die fünfte für 8, die sechste für 4, die siebte für 2 und die achte für 1. Wie wird aus A nun 01000001? Dafür brauchst die ASCII-Zahl des Buchstabens aus der Zahlencodetabelle unten (A = 65). Für die 65 wiederum brauchst du die Leerstelle für 64, also eine 1 an der zweiten Leerstelle, und die Leerstelle für 1, also eine 1 an der achten Leerstelle. Alle anderen Stellen bekommen eine 0.

Großes A = ASCII-Zahl 65

Stelle	1	2	3	4	5	6	7	8
Wert	128	64	32	16	8	4	2	1
Binär-code	0	1	0	0	0	0	0	1

Kannst du den Binärcode für das kleine d erstellen? Suche zuerst die ASCII-Zahl heraus und dann die Werte, die zusammen diese Zahl ergeben. Setze an jede benutzte Leerstelle eine 1, an die anderen eine 0 (Lösung siehe Tabelle auf S. 20).

Stelle	1	2	3	4	5	6	7	8
Wert	128	64	32	16	8	4	2	1
Binär-code	?	?	?	?	?	?	?	?

ZAHLENCODE

Groß-buchst.	ASCII-Zahl	Klein-buchst.	ASCII-Zahl
A	65	a	97
B	66	b	98
C	67	c	99
D	68	d	100
E	69	e	101
F	70	f	102
G	71	g	103
H	72	h	104
I	73	i	105
J	74	j	106
K	75	k	107
L	76	l	108
M	77	m	109
N	78	n	110
O	79	o	111
P	80	p	112
Q	81	q	113
R	82	r	114
S	83	s	115
T	84	t	116
U	85	u	117
V	86	v	118
W	87	w	119
X	88	x	120
Y	89	y	121
Z	90	z	122

Du musst den Schmuck natürlich richtig herum tragen, ansonsten ergibt der Code keinen Sinn!

Codierte Botschaften

Mithilfe des Coderads schicken sich die Menschen schon seit über 2000 Jahren geheime Botschaften — und nun bist du dran!

MATERIAL

Zirkel • Dünner Karton • Winkel-messer • Klebestift • Filz-stifte • Klebeknete

Schere

Spreiz-klammer

Bleistift • Lineal

1

Zeichne mit Zirkel und Bleistift zwei Kreise (15 und 13 cm Ø) auf Papier oder dünnen Karton. Teile mithilfe des Winkelmessers und eines Lineals jeden Kreis in 26 Segmente ein.

Ein Kreis umfasst 360 Grad. Für 26 fast gleich große Segmente brauchst du demnach 22 Segmente mit 14 Grad und vier Segmente mit 13 Grad.

2

Wenn du deine Kreise auf Papier gezeichnet hast, schneide sie aus und klebe sie auf dünnen Karton. Male die Segmente abwechselnd in zwei Farben an.

3

Schreibe die Buchstaben des Alphabets in der richtigen Reihenfolge in die Segmente.

4

Lege den kleineren Kreis auf den größeren und klebe sie in der Mitte mit etwas Klebeknete zusammen. Bohre mit einem spitzen Bleistift ein Loch in die Mitte und hefte die beiden Kreise mit einer Spreizklammer zusammen.

5

So sieht das fertige Coderad aus. Es sollte sich mühelos drehen lassen.

6

Der Empfänger deiner geheimen Botschaften braucht ebenfalls ein Coderad. Zuerst müsst ihr euch darauf einigen, um wie viele Buchstaben nach rechts oder links ihr den inneren Kreis für euren Code drehen wollt. Wir haben den inneren Kreis um zwei Buchstaben nach rechts gedreht, sodass das innere A mit dem äußeren C übereinstimmt. Unten erfährst du, wie du deine Botschaft nun schreibst.

DIE ERKLÄRUNG
SUBSTITUTIONSCODE

Der Code ist einfach, aber schwer zu knacken. Suche den ersten Buchstaben deiner Botschaft auf dem äußeren Kreis und notiere den Buchstaben, der auf dem inneren Kreis erscheint. Etwa so:

```
S C H I C K    H I L F E
Q A F G A I    F G J D C
```

Uneingeweihte werden die Botschaft QAFGAI FGJDC schwerlich verstehen!

Sphärenklänge

Na gut, vielleicht ist die Musik, die du auf unserer Schuhkartonharfe spielen kannst, nicht ganz so himmlisch, aber einige Töne kannst du ihr auf jeden Fall entlocken, und das macht richtig Spaß!

MATERIAL

Bleistift

Schuhkarton

Schere

Größere Gummis

1

Markiere einen Punkt in der Mitte des Schuhkartondeckels und bohre mit einem spitzen Bleistift an dieser Stelle ein Loch in den Deckel.

2

Zeichne ein Oval um das Loch.

3

Schneide das Oval aus.

4

Du kannst das Oval zunächst etwas gröber ausschneiden. Sobald du die eingezeichnete Linie erreichst, solltest du allerdings möglichst sauber schneiden.

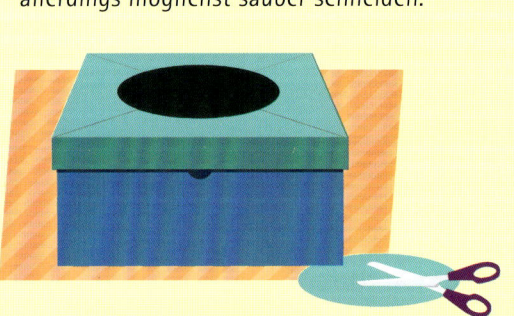

5

Lege den Deckel auf den Karton und streife die Gummis über Karton und Deckel.

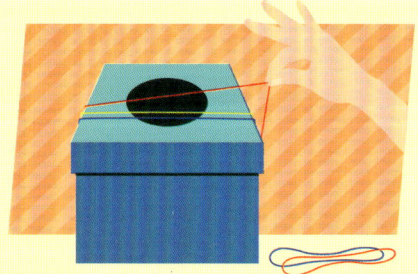

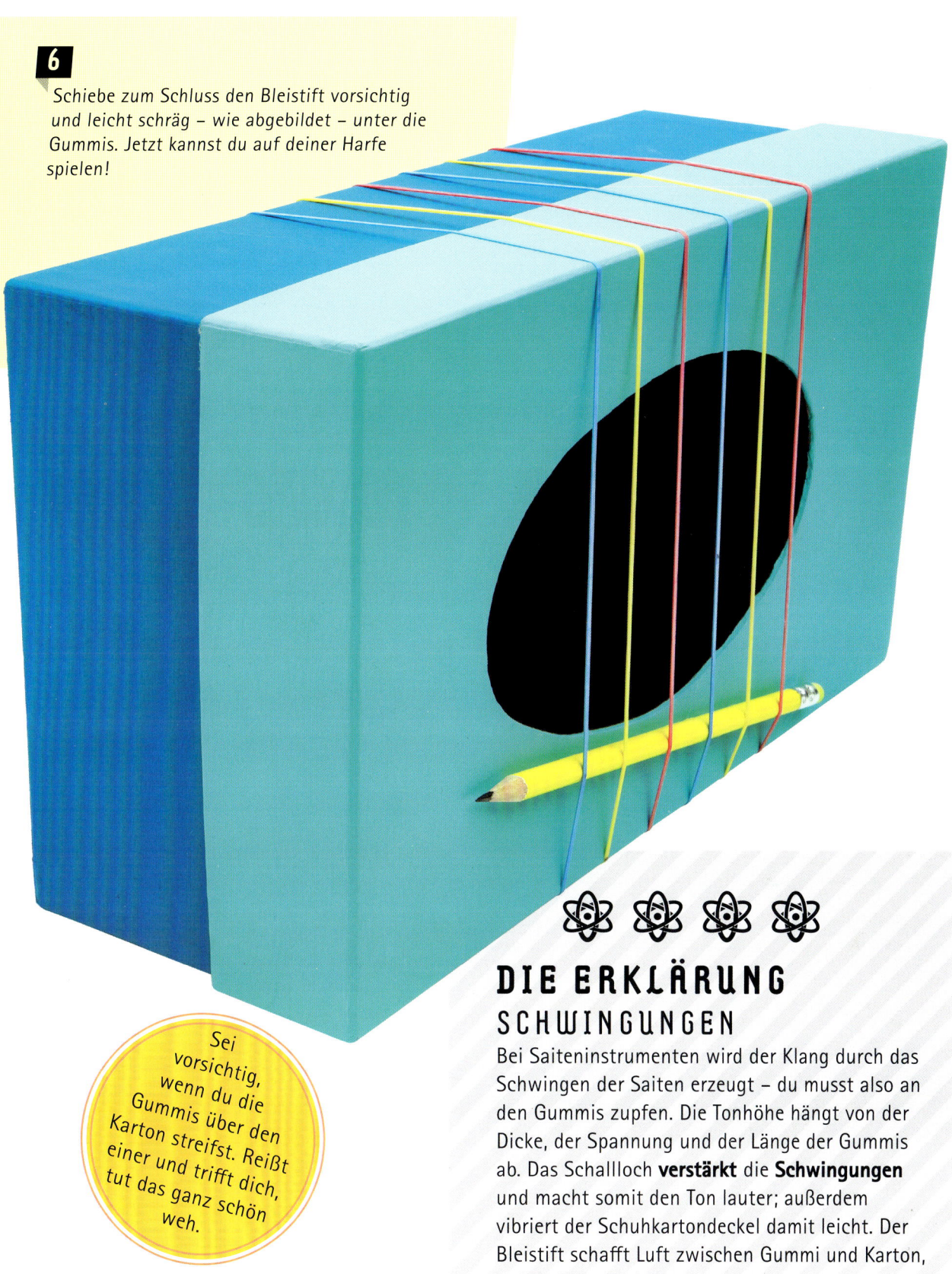

6

Schiebe zum Schluss den Bleistift vorsichtig und leicht schräg – wie abgebildet – unter die Gummis. Jetzt kannst du auf deiner Harfe spielen!

Sei vorsichtig, wenn du die Gummis über den Karton streifst. Reißt einer und trifft dich, tut das ganz schön weh.

DIE ERKLÄRUNG
SCHWINGUNGEN

Bei Saiteninstrumenten wird der Klang durch das Schwingen der Saiten erzeugt – du musst also an den Gummis zupfen. Die Tonhöhe hängt von der Dicke, der Spannung und der Länge der Gummis ab. Das Schallloch **verstärkt** die **Schwingungen** und macht somit den Ton lauter; außerdem vibriert der Schuhkartondeckel damit leicht. Der Bleistift schafft Luft zwischen Gummi und Karton, sodass Ersterer freier schwingen kann.

Panflöte

Um dieses Musikinstrument zu basteln, brauchst du nur ein paar Strohhalme und ein Klebeband. Schwieriger ist es, auf dem Instrument eine (schöne) Melodie zu spielen!

MATERIAL

Klebeband

Schere

Strohhalme

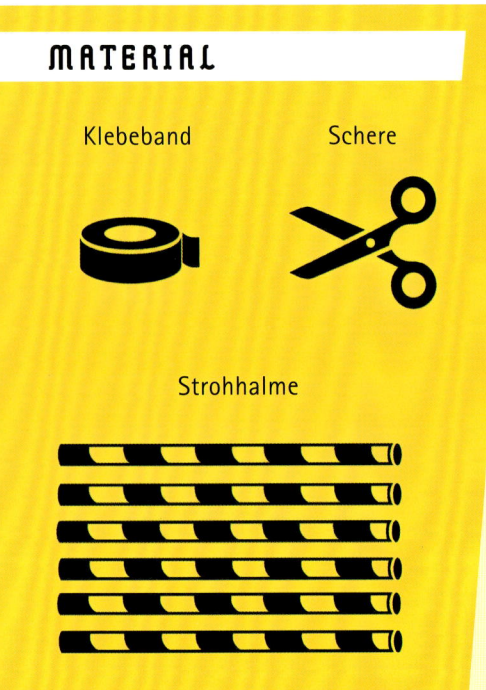

1 Lege die Strohhalme auf einen Streifen Klebeband. Versuche, sie so exakt wie möglich nebeneinander-zulegen.

2 Schneide das Klebeband ab und wickle die Enden um die Strohhalme, sodass die Halme nicht verrutschen können.

3 Schneide die Strohhalme unten schräg ab. Sie haben nun verschiedene Längen.

4 Halte dir die Panflöte an den Mund und blase über das obere Ende der Strohhalme, um verschiedene Töne zu erzeugen.

Panflöten sind unten normaler-weise geschlossen. Verschließe die Halme unten mit etwas Knete, um tiefere und klarere Töne zu erzeugen.

DIE ERKLÄRUNG
TONHÖHE

Bläst du über den Strohhalm, bringst du die Luft darin zum Vibrieren, was einen Ton erzeugt. Lange Halme erzeugen niedrige **Tonhöhen,** kurze erzeugen höhere Töne. Hätten alle Halme dieselbe Länge, könnte die Flöte nur einen Ton spielen.

Smartphone-Ghettoblaster

Warum sich mit dem blechernen Klang des Smartphones zufriedengeben, wenn man es auch in einen Ghettoblaster mit wummerndem Bass verwandeln kann?

Ist der Klang noch nicht gut, prüfe, ob du das richtige Ende des Smartphones in den Ghettoblaster gesteckt hast.

MATERIAL

Smartphone

Kartonröhre, z. B. das Innere einer Küchenrolle

Filzstift

Schere

Zwei Pappbecher

1
Halte dein Smartphone senkrecht in die Mitte der Kartonröhre und zeichne den Umriss auf. Schneide den Umriss anschließend aus.

3
Schneide den Umriss aus und schiebe den Pappbecher auf die Kartonröhre.

2
Drücke ein Ende der Kartonröhre seitlich gegen einen Pappbecher und zeichne den Umriss auf.

4
Verfahre so auch mit dem zweiten Pappbecher und dem anderen Ende der Kartonröhre.

5
Spiele Musik von deinem Smartphone und stecke es so in den Schlitz der Kartonröhre, dass sich der Lautsprecher in der Röhre befindet. Auf einmal ist die Musik viel lauter!

DIE ERKLÄRUNG
GERICHTETER SCHALL

Befindet sich der Lautsprecher in der Röhre, können die Schallwellen dort **resonieren,** also widerhallen, und werden verstärkt. Werden sie dann auch noch durch die Becher geleitet, ist die Musik noch lauter.

Kleiderbügelglocke

Schlage einen Kleiderbügel aus Metall gegen eine harte Oberfläche und du wirst nur ein dumpfes Plong hören. Wir zeigen dir, wie du ihn in eine wunderschön klingende Glocke verwandeln kannst.

MATERIAL

Kleiderbügel aus Metall

Tür

Zwei gleich lange, längere Stücke Schnur

1 Verknote ein Stück Schnur in einer Ecke des Kleiderbügels.

2 Verknote das zweite Stück Schnur in der anderen Ecke.

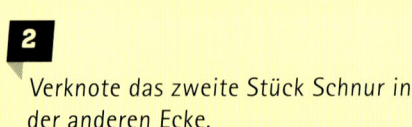

3 Stelle dich seitlich neben eine Tür. Halte den Kleiderbügel an den beiden Schnüren vor dich und schwinge ihn gegen die Tür. Das kleine Pling, das dann zu hören ist, ist noch nicht wirklich der Kracher, oder?

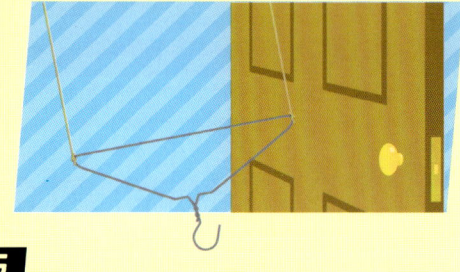

4 Versuchen wir's erneut. Wickle diesmal die Schnur um deine beiden Zeigefinger.

5 Stecke dir die beiden Zeigefinger in die Ohren.

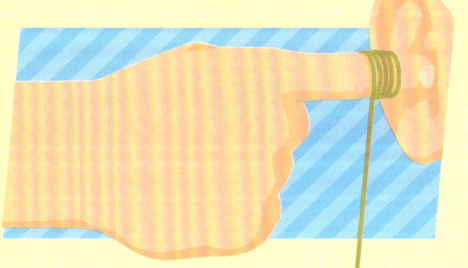

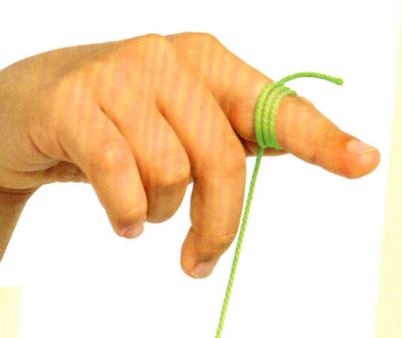

6

Schwinge nun den Kleiderbügel noch einmal gegen die Tür. Was hörst du? Den Klang einer wunderschön klingenden Glocke!

Bitte einen Freund oder eine Freundin, den Kleiderbügel mit einem Löffel aus Metall anzuschlagen – das ergibt ein helles, lautes Klirren!

DIE ERKLÄRUNG
SCHALLLEITUNG

Wir hören etwas, weil Schwingungen Schallwellen erzeugen, die sich in der Luft fortpflanzen. Die Luft ist ein guter Schallleiter, noch besser allerdings ist eine Schnur, da sie fest ist. (Wasser leitet den Schall auch gut, unter Wasser klingt alles sehr laut.) Die Schallwellen des Kleiderbügels breiten sich durch die Luft in alle Richtungen aus, weshalb nur wenige dein Ohr erreichen. Wenn du dir die Schnur aber um die Finger wickelst und dir die Finger in die Ohren steckst, kommt viel mehr Schall dort an. Die Schallwellen wandern die Schnur hinauf und direkt in deine Ohren, wo sich das zuvor gehörte schwache Pling in ein lautes Bong verwandelt.

Spiel den Blues

Du bist nicht gut drauf? Dagegen hilft nur eins: Du musst dir den Blues von der Seele spielen — am besten mit unserer Mundharmonika.

MATERIAL

Plastik-strohhalm

Schere

Breites Gummiband

Zwei gleich große Stiele vom Eis am Stiel

Zwei kleine Gummibänder

Hast du keine kleinen Gummis, nimm dünne und wickle sie mehrmals um die Holzstiele. Die Wirkung ist dieselbe.

1

Schneide zwei kurze Stücke von dem Plastikhalm ab; sie sollten etwas länger sein als die Holzstiele breit sind.

2

Wickle das breite Gummiband längs um einen der Holzstiele.

3

Stecke die beiden Plastikhalmstückchen an beiden Enden des Stiels unter den Gummi.

4

Lege den zweiten Holzstiel passgenau darauf.

5

Umwickle ein Ende der beiden Stiele mit einem kleinen Gummiband.

6

Wiederhole Schritt 5 am anderen Ende des Stiels. Um den Blues zu spielen, musst du nur zwischen die beiden Holzstiele blasen.

DIE ERKLÄRUNG
FREQUENZ UND TONHÖHE

Beim Blasen vibriert das Gummiband zwischen den Holzstielen und erzeugt so Schall. Positionierst du die beiden Plastikhalmstückchen näher beieinander, ändert sich die **Frequenz,** in der das Gummiband vibriert, und der Ton wird höher. Schiebst du die Halme zurück, wird der Ton wieder tiefer. Du kannst die Tonhöhe auch verändern, indem du sanfter oder stärker bläst – beides ändert die Frequenz, in der das Gummiband schwingt, und lässt einen höheren oder tieferen Ton entstehen.

Gackernder Becher

Kann ein Plastikbecher wie ein Huhn gackern? Probiere es aus — es ist einfacher, als du denkst, und hört sich tatsächlich wie eine Glucke an!

MATERIAL

Spitzer Bleistift

Baumwoll- oder Wollschnur (kein Nylon)

Filzstift

Weißleim

Schere

Plastikbecher, am besten ein gelber

Rotes Papier

Augen zum Aufkleben

1

Bohre mit einem spitzen Bleistift zwei kleine Löcher in den Boden des Plastikbechers.

2

Verknote die Schnur an einem Ende, fädle das andere Ende durch beide Löcher und verknote die Schnur dann auch an diesem Ende.

3

Falte das rote Papier in der Mitte und male einen Hühnerkamm sowie einen Schnabel am Falz darauf (wie abgebildet).

4

Schneide den Kamm an der Linie entlang aus, am Falz schneidest du nicht. Gib etwas Kleber auf den Falz und klebe den Kamm an den Becherboden.

5

Schneide den Schnabel aus und klebe ihn am Falz vorn an den Becher. Klebe die Augen auf.

6

Halte den Becher mit einer Hand nach oben, feuchte die Finger der anderen Hand an, nimm die Schnur knapp unterhalb des Bechers zwischen zwei Fingerspitzen und zieh die Hand in kleinen, ruckartigen Bewegungen nach unten. Das Ergebnis: ein unglaublich realistisches Gackern, wie von einem echten Huhn!

Ist das Geräusch noch nicht überzeugend, nimm einen kleinen, feuchten Schwamm zwischen die Finger und zieh damit die Hand nach unten.

DIE ERKLÄRUNG
RESONANZBODEN

Die Vibrationen der Schnur, die du mit der Bewegung deiner Finger verursachst, werden durch den hohlen Becher verstärkt, der so wie ein Resonanzboden wirkt. Hältst du den Becher zu, ist fast kein Geräusch zu hören. Klaviere und Gitarren funktionieren aufgrund eines hölzernen Resonanzbodens, der den Klang ebenfalls verstärkt.

Schokoladenbilder

Wie Wasser kann auch Schokolade ihren Aggregatzustand je nach Temperatur von fest zu flüssig ändern. Im Gegensatz zu Wasser ist flüssige Schokolade jedoch megalecker — warum also nicht damit malen und die Bilder als Kuchendeko verwenden?

MATERIAL

Zartbitter- oder Vollmilch- und weiße Schokolade (jeweils ca. 200 g)

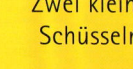

Zwei kleine Schüsseln

Wasser-kocher

Zwei kleine Töpfe

Zwei Löffel

Streichmesser

Backblech

Backpapier

Zwei wiederverschließbare Plastikbeutel

Schere

1

Brich die Schokolade in kleine Stücke und gib sie getrennt in Schüsseln.

2

Bitte einen Erwachsenen, Wasser aufzukochen und es so in die beiden Töpfe zu gießen, dass diese jeweils halb voll sind. Stelle die Schüsseln mit der Schokolade auf die Töpfe.

3

Nach etwa fünf Minuten wird die Schoko-lade zu schmelzen beginnen. Rühre vorsichtig mit getrennten Löffeln um.

4

Bedecke das Backblech mit Backpapier. Gib die geschmolzene Schokolade in die Plastikbeutel und verschließe diese.

5

Drücke die Schokolade in eine Ecke des Beutels und schneide diese Ecke anschließend ab. Das Loch sollte so klein wie möglich sein.

6

Zeichne nun Bilder – oder Buchstaben oder Zahlen – mit der Schokolade, indem du den Beutel wie einen Stift benutzt. Deine Zeichnungen sollten eher klein sein.

7

Lege das Blech für etwa eine Stunde in den Kühlschrank und hebe die Bilder dann mit einem Streichmesser vom Blech.

DIE ERKLÄRUNG
SCHMELZEN/ERKALTEN

Wird Schokolade erwärmt, schmilzt sie, wird also flüssig, erkaltet sie, wird sie wieder fest. Denn sie besteht aus **Molekülen,** die ständig in Bewegung sind. Bei der Erwärmung bewegen sie sich etwas auseinander und rutschen übereinander. Beim Erkalten kleben sie eher aneinander. Schokolade schmilzt bei 35 °C – also auch in deinem Mund, denn die Körpertemperatur beträgt rund 37 °C.

Selbst gemachtes Eis

Wir nehmen an, du hasst Eiscreme und bist deshalb nicht im Geringsten daran interessiert herauszufinden, wie man sie selbst macht. Ja, das haben wir uns gedacht.

MATERIAL

Altes Tischtuch

Großer wieder-verschließbarer Gefrierbeutel

Etwa 48 Eiswürfel

Messgefäß für 150 g

Etwa 70 g Salz

Messbecher

285 ml Milch

2 Esslöffel Zucker

½ Teelöffel Vanillearoma

Kleiner wieder-verschließbarer Gefrierbeutel

Mittelgroße Schüssel

Fülle auf einem alten Tischtuch einen großen Gefrierbeutel zur Hälfte mit Eiswürfeln und füge mit dem Messgefäß das Salz hinzu.

Gieß die Milch in den Messbecher und gib den Zucker sowie das Vanillearoma dazu.

3

Stelle den kleinen Gefrierbeutel in eine Schüssel (damit du nicht zu viel rum-kleckerst) und gieß die Milchmischung hinein.

4

Verschließe den kleinen Gefrierbeutel und stelle ihn dann in den größeren.

5

Verschließe auch den größeren Gefrierbeutel und schüttle ihn dann 10 Minuten lang, damit eine herrlich dicke Eiscreme entsteht.

DIE ERKLÄRUNG
TEMPERATUR

Gibst du kein Salz zu den Eiswürfeln, wird die Eiscreme vermutlich nicht fest, weil sie dann nicht kalt genug wird. Das Salz senkt den Schmelzpunkt des Eises. Während es schmilzt, zieht es die Hitze aus der Milchmischung, und die Eiscreme gefriert.

Verfestigt sich das Eis dabei nicht (und werden dir die Arme langsam müde), gib noch einen Esslöffel Salz in den Beutel mit den Eis-würfeln.

Lust auf einen anderen Geschmack? Gib 1 Esslöffel gesiebtes Kakaopulver zur Milchmischung, und fertig ist das Schokoeis!

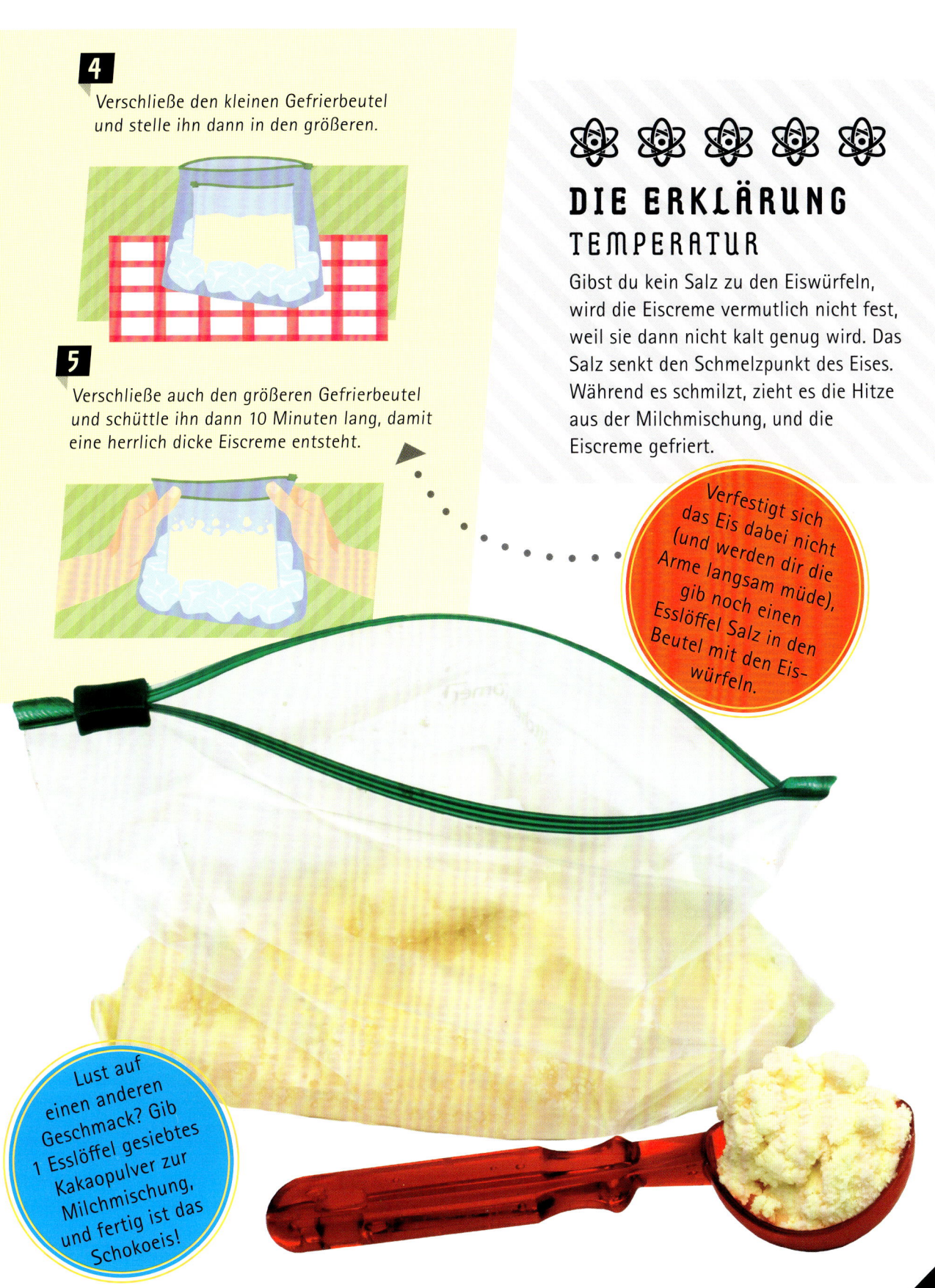

Essigvulkan

Es ist Zeit für eines der imposantesten Naturschauspiele überhaupt: den Vulkanausbruch! Der Vulkan ist zwar klein, aber deshalb nicht weniger beeindruckend — und unglaublich leicht zu bewerkstelligen.

MATERIAL

Tischtuch oder Zeitungspapier

Zwei leere Flaschen

Klebeband

Weißleim

Quadrat aus dickem Karton

Alte Zeitung

Schüssel zum Mischen des Leims

Wasser

Farben

Trichter

Weißweinessig

Lebensmittelfarbe

Geschirrspülmittel

Messlöffel

60 g Natron

1

Bedecke den Tisch mit einem alten Tischtuch und klebe eine leere Plastikflasche mit Klebeband an ein Quadrat aus dickem Karton.

2

Zerknülle eine alte Zeitung und klebe sie mit Klebeband um die Flasche, sodass sich die Form eines Vulkans ergibt.

3

Mische zwei Teile Weißleim mit einem Teil Wasser. Tauche Zeitungspapierstreifen in die Mischung und klebe sie auf die Flasche. Lass den Vulkan über Nacht trocknen und male ihn dann an.

4

Fülle mithilfe eines Trichters die
zweite leere Flasche zu einem Drittel
mit Weißweinessig.

5

Füge einige Tropfen Lebensmittelfarbe
hinzu – Rot ergibt eine spektakuläre Lava!

Es gibt
rund1500 aktive
Vulkane auf der Welt.
Glückwunsch: Jetzt
gibt es 1501!

Vielleicht
wollen dir deine
Freunde beim
Anmalen und
Verzieren
des Vulkans
helfen?

Fortsetzung
auf der nächsten Seite

6

Gib zu dem gefärbten Essig nun noch einen kräftigen Spritzer Geschirrspülmittel.

7

Als Nächstes füllst du mithilfe eines Messlöffels und eines trockenen Trichters das Natron in die »Vulkanflasche«.

8

Jetzt wird's spannend: Gieße die Essigmischung zügig in die Flasche im Inneren deines Vulkans.

9

Tritt etwas zurück, denn nach ein paar Sekunden wird dein Vulkan ausbrechen und rote »Lava« speien!

DIE ERKLÄRUNG
SÄUREREAKTION

Natron wird auch als Natriumbicarbonat bezeichnet, der Essig ist eine **Säure.** Treffen diese beiden Substanzen aufeinander, kommt es zu einer chemischen Reaktion, bei der Kohlendioxidgas freigesetzt wird – daher das Blubbern! Und das Spülmittel? Das bindet die Bläschen des Kohlendioxids und sorgt so für eine viel eindrucksvollere »Lava«.

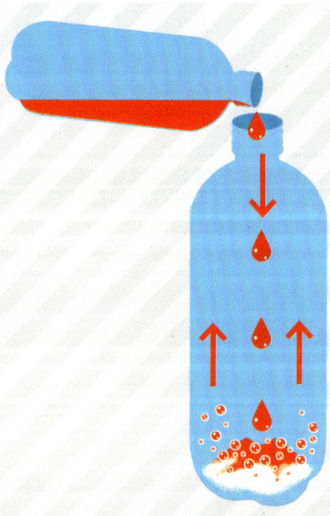

Im Dunkeln leuchtende Götterspeise

Dieses leuchtende Dessert kommt zu Halloween besonders gut an, du musst aber nicht bis dahin warten. Am besten isst du es im Dunkeln!

MATERIAL

Messbecher

1 Packung Götterspeise

285 ml heißes Wasser (oder die Hälfte des in der Packungsanleitung angegebenen Wassers)

Löffel

285 ml Tonic Water (bzw. dieselbe Menge wie das verwendete Wasser)

Zerdrückte Banane

Zwei durchsichtige Plastikbecher

Optional: Zucker- oder Schokostreusel

Schwarzlicht-(UV-)Lampe

Achtung! Sieh nie direkt in UV-Licht, da es den Augen ernsthaft schaden kann. Bitte einen Erwachsenen um Hilfe.

1

Gib die Götterspeise in einen Messbecher und bitte einen Erwachsenen, 285 Milliliter heißes Wasser dazuzugeben (oder halb so viel Wasser, wie in der Packungsanleitung angegeben).

2

Rühre mit einem Löffel so lange gründlich um, bis sich die Götterspeise vollständig aufgelöst hat.

3

Gieße als Nächstes 285 Milliliter Tonic Water dazu (oder die gleiche Menge, die du vorher an Wasser dazugegeben hast).

4

Rühre noch einmal gründlich um und gieße die Mischung anschließend in zwei durchsichtige Plastikbecher.

5

Stelle die Becher in den Kühlschrank, damit die Götterspeise fest wird (sieh in der Packungsanleitung nach, wie lange das dauert). Gib danach etwas zerdrückte Banane auf die Götterspeise.

Du magst Banane nicht? Kein Problem, du kannst deine Götterspeise auch mit anderen Früchten wie Beeren oder Kiwischeiben belegen.

6

Wenn du magst, kannst du dein Dessert
noch mit Zucker- oder Schokostreuseln
verzieren. Die Süße mildert den leicht
säuerlichen Geschmack des Tonic Waters
etwas ab.

7

Schalte jetzt das Licht aus und die UV-
Lampe an. Wenn du die Lampe hinter die
Becher hältst, leuchtet die Götterspeise im
Dunkeln unheimlich. Das Beste an diesem
Projekt: Du kannst das Ergebnis essen!

DIE ERKLÄRUNG
FLUORESZENZ UND UV-LICHT

Wir sind vom sogenannten elektromagnetischen
Spektrum umgeben, einer Art Schnellstraße für
sichtbare Dinge wie das sichtbare Licht und
Unsichtbares wie Radiowellen, Mikrowellen und
ultraviolettes Licht. Wenn du mit der Schwarzlicht-
oder UV-Lampe auf die Götterspeise
leuchtest, regst du damit eine Substanz
namens Chinin im Tonic Water an, was sich
wiederum als Leuchten bemerkbar macht.
Denn Chinin fluoresziert. Es nimmt ultraviolettes Licht auf, das für das menschliche
Auge unsichtbar ist, und gibt es als Licht,
das wir sehen können, wieder. Schaltest du
die Lampe aus, leuchtet auch die Götterspeise nicht mehr, da die Reaktion nur mit
UV-Licht erfolgt.

Murmelbutter

Es gibt doch nichts Schöneres als ein warmes Toastbrot mit frischer Butter. Und wenn du bereit bist, die Ärmel hochzukrempeln, kannst du sogar deine eigene Butter machen — mit einer Murmel!

Saubere Murmel

Sahne

Schweres, verschließbares Glas

Messer

Du kannst die Butter auch ohne Murmel machen – du musst nur auf die Geräuschveränderung im Glas achten.

1

Gib die Murmel vorsichtig in das Glas. Das Glas sollte relativ stabil sein, sonst zerbricht es beim Buttermachen vielleicht.

2

Gieß so viel Sahne in das Glas, bis es etwa halb oder zwei Drittel voll ist.

3

Verschließe das Glas fest und schüttle es kräftig.

4

Wenn du die Murmel nicht mehr hörst, hast du sehr dicke Sahne, aber noch keine Butter! Schüttle weiter, bis du wässrige **Buttermilch** im Glas hörst.

5

Schütte die Buttermilch weg und nimm mit einem Messer etwas Butter aus dem Glas. Streich sie dir auf ein frisch geröstetes Toast und – mmmm!

DIE ERKLÄRUNG
EMULSION

Sehr fetthaltige Sahne nennen Wissenschaftler eine Emulsion: Dabei schwimmen kleine Tropfen einer Flüssigkeit in Tropfen einer anderen Flüssigkeit herum, ohne dass die beiden sich mischen. Bei der Sahne bestehen die ersteren Tropfen aus Fett, die beim Schütteln des Glases aneinanderprallen. Dabei verkleben sie zu größeren Tropfen, die wiederum auf andere, noch größere Tropfen prallen, bis schließlich ein riesiger Fetttropfen – Butter – sowie etwas wässrige Buttermilch entstanden sind.

Da deine Butter keine Konservierungsstoffe enthält, schmeckt sie nicht nur etwas anders als gekaufte Butter, sie hält sich auch nicht so lang (nur ein paar Tage im Kühlschrank).

Selbst getöpferte Schale

Wolltest du auch immer schon einmal das Töpfern ausprobieren? Dann ran an diese einfache, aber dekorative Schale, die mittels der sogenannten Daumendrucktechnik hergestellt wird!

MATERIAL

Polymer Clay, z. B. FIMO®

Backblech

Ofen-handschuh

Backofen

Farbe

Weißleim

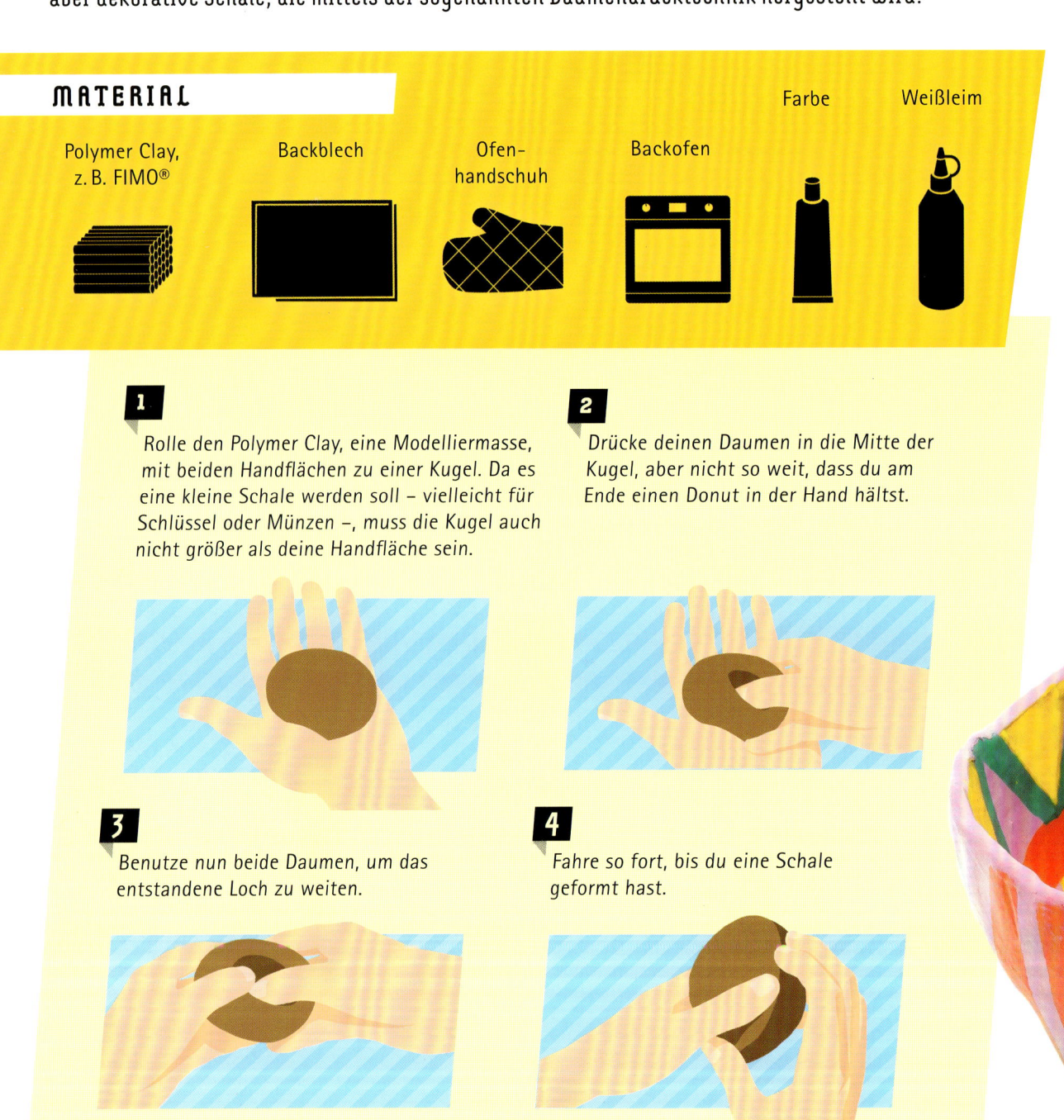

1

Rolle den Polymer Clay, eine Modelliermasse, mit beiden Handflächen zu einer Kugel. Da es eine kleine Schale werden soll – vielleicht für Schlüssel oder Münzen –, muss die Kugel auch nicht größer als deine Handfläche sein.

2

Drücke deinen Daumen in die Mitte der Kugel, aber nicht so weit, dass du am Ende einen Donut in der Hand hältst.

3

Benutze nun beide Daumen, um das entstandene Loch zu weiten.

4

Fahre so fort, bis du eine Schale geformt hast.

5

Lass die Schale etwa zwei Stunden trocknen, bis das Material nicht mehr so geschmeidig, aber noch formbar ist. Glätte die Oberfläche mit den Fingern.

6

Lass die Schale anschließend komplett trocknen.

Sieh auf der Packungsanleitung nach – die Trockenzeiten und Ofentemperaturen variieren je nach Modelliermasse.

7

Heize den Backofen auf 135 °C vor. Stelle die Schale auf ein Backblech und bitte einen Erwachsenen, das Blech in den Ofen zu schieben (Backzeit: ca. 20 Minuten/6 mm Dicke).

8

Bitte einen Erwachsenen, das Blech aus dem Ofen zu nehmen. Lass die Schale abkühlen und male sie dann an. Ist die Frabe trocken, kannst du sie mit Weißleim versiegeln, dem du einen Tropfen Wasser beigemischt hast.

Da Polymer Clay kleine Löcher in der Oberfläche hat, in denen sich **Bakterien** ansiedeln können, darfst du deine Schale nicht zum Essen verwenden.

DIE ERKLÄRUNG
VERDUNSTUNG

»Echter« Ton besteht aus winzigen Aluminiumsilicatpartikeln und Wasser. Wird Ton auf 500 °C erhitzt, **verdunstet** das Wasser und die Partikel haften stark aneinander. Dabei schrumpft der Ton etwas und wird zu Keramik. Polymer Clay besteht aus Polyvinylchlorid (PVC) und einem **Weichmacher.** Dieser verbindet sich im Ofen mit dem PVC, und die Modelliermasse härtet aus.

Riesenseifenblasen

Kleine Seifenblasen zu machen, ist leicht. Zum Glück ist es ebenso leicht,
riesige Seifenblasen zu erzeugen — dank unseres Riesenseifenblasenzauberstabs!

MATERIAL

Etwa 2 m lange
Schnur

Zwei Holzlöffel
mit Loch im Griff

Schlüssel

Waschschüssel voller
Seifenwasser

1
Fädle ein Ende der Schnur durch
das Loch im Griff eines Holzlöffels
und verknote es.

2
Fädle das andere Ende der Schnur
durch das Loch im Schlüssel.

3
Miss vom Löffelgriff ein Drittel der Schnur
ab und platziere den Schlüssel dort.

Verrühre 175 ml Ahornsirup mit dem Seifenwasser, um stabilere Blasen zu erzeugen. Diese Blasen kannst du manchmal sogar auf der Hand tragen!

Wenn du die Holzlöffel anmalen willst, verwende Acrylfarben. Wasserfarben halten daran nicht.

Fortsetzung auf der nächsten Seite

4

Fädle das lose Ende der Schnur durch das Loch im Griff des zweiten Löffels. Miss wie in Schritt 3 zwei Drittel von der Schnur ab und platziere den zweiten Löffel dort.

5

Verknote auch das zweite Ende der Schnur und halte die Löffel nach oben. Die Schnur bildet nun ein V, da sie vom Schlüssel nach unten gezogen wird.

6

Vom Griff des zweiten Löffels hängt nun noch ein Drittel der Schnur herab. Wickle das Ende der Schnur um den Griff des ersten Löffels.

7

Halte den Zauberstab vor dich: Die Schnur bildet jetzt ein ziemlich regelmäßiges Dreieck.

Bastle einen quadratischen Zauberstah aus dünnem Draht oder Pfeifen-reinigern. Sind die Blasen dann auch quadratisch oder immer noch rund? Die Blasen nehmen immer Kugelform an.

8

Nimm deinen Zauberstab mit nach draußen und tauche Schlüssel, Schnur und Löffelgriffe ein paar Mal in das Seifenwasser.

9

Gehe nun langsam zurück für wirklich riesige Blasen oder nach vorn für etwas kleinere. Halte deinen Zauberstab dabei immer vor dich.

DIE ERKLÄRUNG
OBERFLÄCHENSPANNUNG

Auch Wasser allein verfügt über eine gewisse Oberflächenspannung – sonst könnten manche Insekten nicht darauf laufen –, aber erst Seife erhöht sie so, dass sich Blasen mit Luft darin bilden können. Da die Blase immer versucht, so wenig Raum wie möglich einzunehmen, dabei aber die Luft nicht entweichen zu lassen, formt sie sich immer zur Kugel.

Der Garten im Glas

Wusstest du, dass du Pflanzen und Erde in ein Glas geben und das Glas verschließen kannst, und die Pflanzen trotzdem weiterwachsen?

MATERIAL

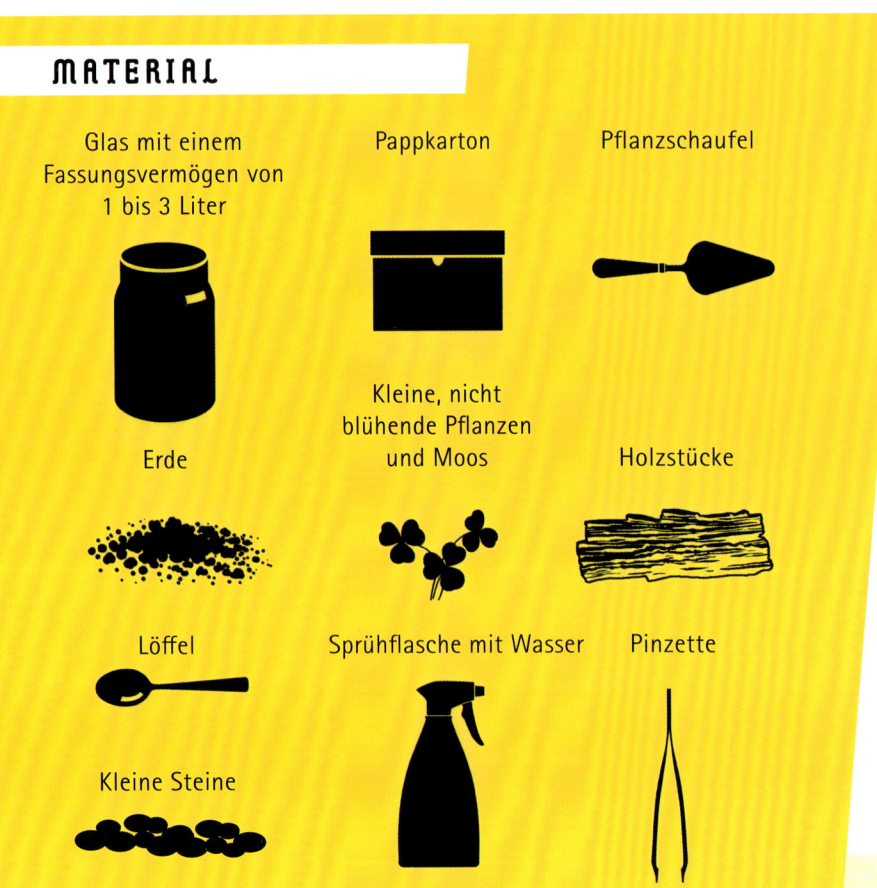

Glas mit einem Fassungsvermögen von 1 bis 3 Liter

Pappkarton

Pflanzschaufel

Erde

Kleine, nicht blühende Pflanzen und Moos

Holzstücke

Löffel

Sprühflasche mit Wasser

Pinzette

Kleine Steine

1

Suche dir ein großes, sauberes, verschließbares Glas wie z. B. ein Einweckglas.

2

Gehe mit dem Pappkarton in einen Wald oder Park und hol dir etwas Erde.

Am besten sammelst du keine Pflanzen in der Natur. Sie könnten unter Schutz stehen oder giftig sein.

3

Sammle ein paar kleine Pflanzen im Garten oder kaufe welche. Grabe sie mit der Wurzel aus.

Geeignete Pflanzen

Wähle Waldpflanzen, die zwar Licht, aber keine direkte Sonne brauchen. Kleine, langsam wachsende Pflanzen sind am besten, blühende eignen sich weniger gut.

Spinnenfarn	Kanonierblume
Efeu	Moosfarn
Frauenhaarfarn	Bubikopf
Moos	Kletterfeige
Seestern-Blume	Königsbegonie
Silbernetzblatt	

Fortsetzung auf der nächsten Seite

4

Verschiedene Pflanzenarten machen deinen Garten im Glas interessanter (siehe S. 53).

5

Auch Moose machen sich im Glas sehr gut, vergiss also nicht, auch davon welche zu sammeln.

6

Suche dir zum Schluss noch ein oder zwei kleine Stücke heruntergefallenes Holz, auch das trägt zur Vielfalt deines Gartens bei.

7

Spüle das Glas mit Wasser aus und trockne es gründlich.

8

Leg das Glas auf die Seite und bedecke den Boden mit kleinen Steinchen.

9

Streue etwas Erde über die Steine und vergiss nicht, dir danach die Hände zu waschen.

Die Steine am Glasboden sorgen für einen guten Abfluss der Feuchtigkeit und halten die Pflanzen gesund.

10

Feuchte die Pflanzen und das Holz mit Wasser aus der Sprühflasche an.

11

Leg das Holz ins Glas und platziere anschließend mithilfe der Pinzette die Pflanzen auf der Erde.

12

Verschließe das Glas nun und stelle es an einen hellen Ort. Vermeide direktes Sonnenlicht, da es den Pflanzen dort zu heiß werden könnte. Fertig ist dein Garten im Glas, den du jeden Tag aufs Neue bewundern kannst!

DIE ERKLÄRUNG
TERRARIUM

Einen solchen Glasgarten nennt man auch Terrarium. Die in sich abgeschlossene Umgebung kann quasi für sich selbst sorgen und ähnelt einer Miniaturerde. Pflanzen und Boden setzen Wasserdampf frei, der **kondensiert** und sich am Glas sammelt. Das Wasser läuft am Glasrand hinab und gelangt so wieder in die Erde. Dieser Kreislauf findet auch in der Natur statt. Tagsüber nehmen die Pflanzen Licht und Kohlendioxid auf und produzieren mittels Fotosynthese Sauerstoff. Nachts nehmen die Pflanzen den Sauerstoff wieder auf und produzieren Kohlendioxid; so bleibt dein Garten im Glas gesund.

Sterngucker

Mit diesem einfachen Projekt kannst du den Sternenhimmel von deinem Bett aus genießen!

MATERIAL

Karton   Filz- oder Bleistift   Zirkel   Kartonröhre   Taschenlampe mit einem einzelnen Strahler (keine LED-Lampe mit mehreren Strahlern)

Moosgummi   Reißzwecke   Schere   Klebeband

1

Zeichne 16 Kreise auf Karton. Sie sollten etwas größer als das Ende der Kartonröhre sein.

2

Übertrage die **Sternkonstellationen** unten auf die Kreise. Schreibe die Namen der Sternbilder auf die Rückseite der Kreise.

3

Lege den Karton auf Moosgummi und stich mit einer Reißzwecke durch jeden Punkt.

Ursa Major
Großer Bär

Scorpius
Skorpion

Orion
Jäger

Taurus
Stier

Pegasus
Geflügeltes Pferd

Ursa Minor
Kleiner Bär

Cassiopeia
Kassiopeia

Pisces
Fische

4

Schneide die Kreise aus. Klebe einen mit Klebeband ans Ende der Kartonröhre, der Name des Sternbilds ist außen.

5

Klebe das andere Ende der Kartonröhre auf die Taschenlampe. Wenn du die Taschenlampe einschaltest, siehst du das Sternbild an der Wand oder Zimmerdecke.

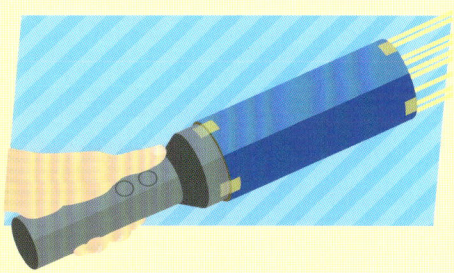

6

Am deutlichsten ist das Sternbild zu sehen, wenn du das Zimmerlicht ausschaltest und die Vorhänge zuziehst.

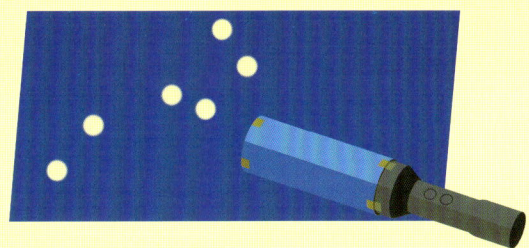

DIE ERKLÄRUNG
STERNKONSTELLATIONEN

Die Astronomie ist die Lehre von Gegenständen am Himmel, z. B. Planeten, Monde und Sterne. Es gibt sie seit Tausenden von Jahren. Sternkonstellationen sind ein wichtiger Teil der Astronomie, insgesamt gibt es 88. Du kannst immer nur einige Sternbilder auf einmal sehen und nur wenige des Südhimmels.

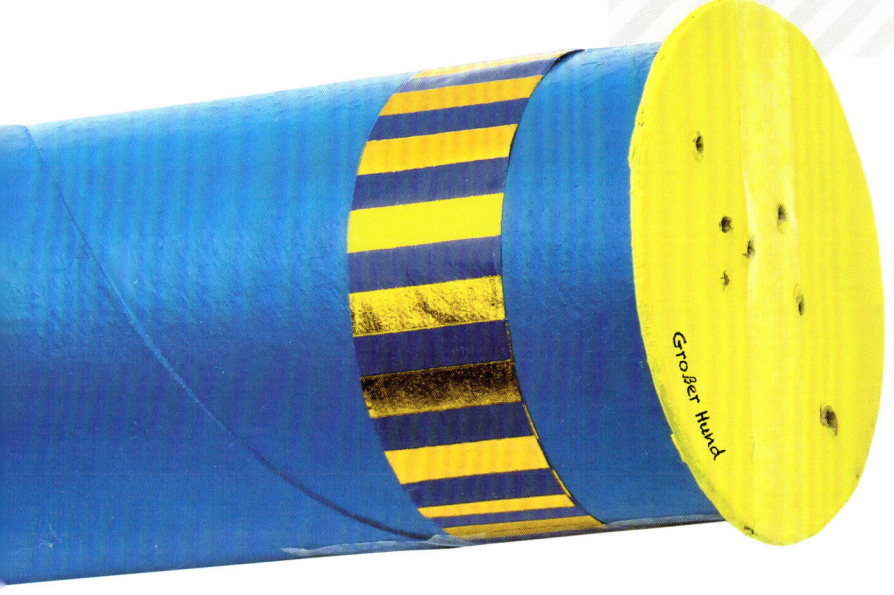

Leo Löwe	Sagittarius Schütze	Gemini Zwillinge	Bootes Bärenhüter	Cygnus Schwan	Perseus	Canis Major Großer Hund	Hercules Herkules

Treibsandglibber

Ist es fest? Ist es flüssig? Ist es vielleicht beides?
Was auch immer — es ist auf jeden Fall interessant!

MATERIAL

Speisestärke	Große Schüssel	Wasser (halb so viel wie Speisestärke)	Gelbe Lebensmittelfarbe

Schere (optional)	Klebeband (optional)	Moosgummi (optional)

1

Schütte den Inhalt einer Packung Speisestärke in eine Schüssel.

2

Gib die halbe Menge Wasser dazu. Wenn du also z. B. 200 Gramm Speisestärke verwendet hast, brauchst du 100 Milliliter Wasser.

3

Mische mit den Händen. Wird die Mischung nicht klebrig, gib noch etwas Wasser dazu.

4

Füge einige Tropfen gelbe Lebensmittelfarbe hinzu und mische weiter.

5

Nach ein paar Minuten hast du eine glatte und klebrige Mischung vor dir, die sich wirklich seltsam anfühlt!

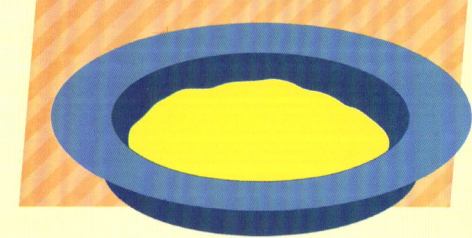

6

Probiere nun Folgendes: Greife mit beiden Händen in die Schüssel und forme den Glibber zu einer Kugel. Knete weiter, und der Glibber bleibt fest ...

7

... Hörst du jedoch mit dem Kneten auf, verflüssigt sich der Glibber und tropft durch deine Finger in die Schüssel. Toll, oder?!

Für deine Treibsandszene: Verzier die Schüssel mit einem Grasrand aus Moosgummi und stecke eine kleine Figur hinein.

DIE ERKLÄRUNG
VISKOSITÄT

Der Begriff beschreibt, wie dick und klebrig eine Flüssigkeit ist. Wasser besitzt keine hohe Viskosität, Sirup schon. Normalerweise ist klebriges Zeug entweder eher fest oder eher flüssig, doch dein Glibber kann zwischen beidem wechseln, je nachdem wie viel **Druck** du auf ihn ausübst. Beim Kneten bleibt er also fest, doch danach verwandelt er sich in eine Flüssigkeit.

Käferoskop

Du willst Käfer beobachten, aber sie krabbeln immer davon?
Dann bau dir ein Käferoskop!

MATERIAL

Eckige Plastikflasche mit Verschluss

Scharfes Messer

Feinmaschiges Netz, das Luft durchlässt

Weißleim

Zweig mit Blättern

Schere

Käfer

Filzstift

1

Spül die Flasche aus und trockne sie. Zeichne oben ein Rechteck auf und bitte einen Erwachsenen, es mit einem Messer auszuschneiden.

2

Schneide ein passendes Stück Netz aus und klebe es auf das Loch.

3

Gib den Zweig mit Blättern in die Flasche, such dir einen Käfer und setze ihn auf den Zweig. Verschließe die Flasche – und fertig ist dein Käferoskop!

DIE ERKLÄRUNG

BEOBACHTUNG

Die Beobachtung und Aufzeichnung des Beobachteten sind wichtige wissenschaftliche Instrumente. Wenn du z. B. einen Käfer beobachtest, kannst du **Theorien** über seine allgemeine Lebensweise aufstellen.

Lass den Käfer nach wenigen Stunden wieder frei und such dir einen neuen zum Beobachten.

Regenmesser

Du willst wissen, wie viel es geregnet hat?
Dann brauchst du einen Regenmesser!

MATERIAL

Plastik-
flasche

Schere

Götterspeise

Schüssel

Heißes
Wasser

Büro-
klammern

Lineal

Permanent-
marker

1

Schneide das obere Viertel einer Plastikflasche
vorsichtig mit einer Schere ab.

2

Rühre die Götterspeise nach Packungsanweisung an
und gieße so viel davon in die Flasche, dass der
unebene Boden bedeckt ist. Lass sie fest werden.

3

Drehe den oberen Teil der Flasche um und stecke ihn
als Trichter in den unteren Teil der Flasche. Sichere
das Ganze mit Büroklammern.

4

Zeichne mithilfe eines Lineals eine Zentimeterskala wie
abgebildet auf die Flasche. Stelle deinen Regenmesser an
einem windgeschützten Ort auf, aber Achtung: Die
Götterspeise löst sich mit der Zeit im Regen auf!

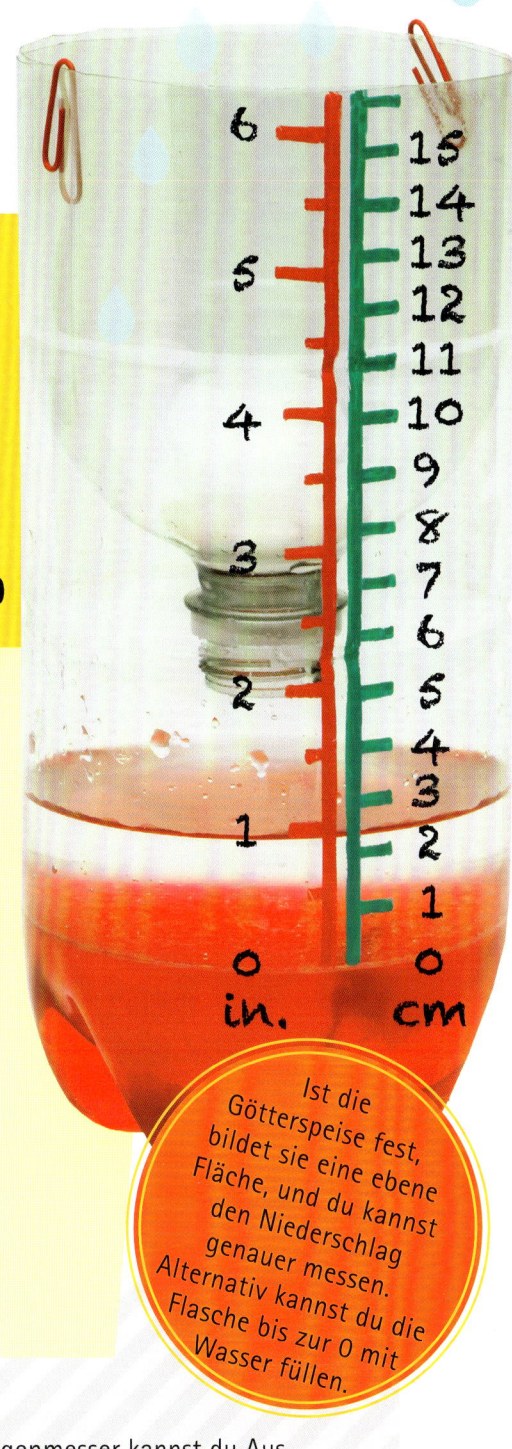

Ist die Götterspeise fest, bildet sie eine ebene Fläche, und du kannst den Niederschlag genauer messen. Alternativ kannst du die Flasche bis zur 0 mit Wasser füllen.

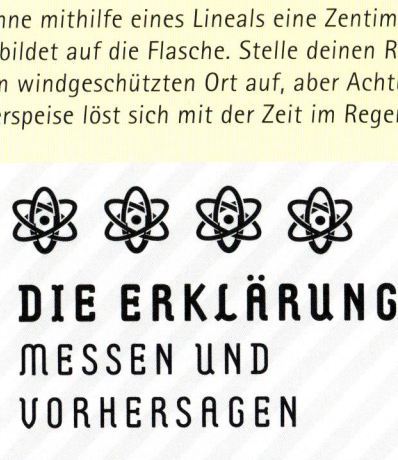

DIE ERKLÄRUNG
MESSEN UND
VORHERSAGEN

Mit dem Regenmesser kannst du Aus-
sagen wie »In der Nacht sind fünf
Zentimeter Niederschlag gefallen« selbst
nachmessen. Stellst du deine Messungen
über einen längeren Zeitraum an, kannst
du das Wetter leichter **vorhersagen.**

Verblüffende Avocado

Du glaubst nicht, dass man eine Avocado auch ohne Erde nur in Wasser selbst ziehen kann? Dann probiere es aus!

1

Bitte einen Erwachsenen, eine reife Avocado so zu halbieren, dass der Kern im Inneren nicht beschädigt wird.

2

Nimm den Kern heraus und reinige ihn vorsichtig mit Wasser. Achte darauf, dass die braune Haut intakt bleibt.

3

Finde heraus, wo bei dem Kern oben ist – es ist das etwas spitzere Ende –, und stecke drei Zahnstocher hinein.

4

Fülle ein Glas mit Wasser und lege den Kern mithilfe der Zahnstocher vorsichtig so in das Glas, dass sich sein unterer Teil im Wasser befindet. Stell das Glas an einen sonnigen Ort.

5

Wechsle das Wasser etwa alle fünf Tage. Nach rund acht Wochen bricht die Haut am Kern auf und es zeigt sich eine Wurzel.

6

Nach und nach erscheinen immer mehr Wurzeln, und schließlich wächst ein einzelner Stängel oben aus dem Kern heraus.

7

Ist dieser etwa 15 Zentimeter lang, schneidest du ihn auf 7½ Zentimeter zurück. Das fördert das Wachstum der Pflanze.

8

Ist der Stängel wieder etwa 15 Zentimeter lang, setzt du die Pflanze in einen Topf mit Erde um und stellst diesen ebenfalls an einen sonnigen Ort. Die Erde sollte immer leicht feucht sein.

Die Zahnstocher schaden der Pflanze nicht, da ihr Same von einer dicken Schutzschicht umgeben ist.

DIE ERKLÄRUNG
PFLANZENNÄHRSTOFFE

Die meisten Pflanzen beginnen ihr Leben in der Erde, die alle **Nährstoffe** liefert, die sie brauchen. Die Avocado kommt in den ersten Wochen ohne Erde aus, weil die dicke Schutzschicht um den Samen die Pflanze nährt.

Blühende Farben

Du hättest gern einen Strauß Blumen, der alle Farben des Regenbogens umfasst? Das ist überhaupt kein Problem.

MATERIAL

Große Schüssel mit kaltem Wasser

Weiße Blumen, z. B. Chrysanthemen oder Nelken

Schere

Warmes Wasser

Glasgefäße

Lebens-mittelfarbe

Scharfes Messer

1

Fülle eine große Schüssel mit kaltem Wasser. Lege die Blumenstängel ins Wasser und schneide die Enden unter Wasser im 45-Grad-Winkel ab.

2

Gieße etwas lauwarmes Wasser in die Glasgefäße, füge je einige Tropfen Lebensmittelfarbe hinzu und stelle eine Blume in jedes Glas.

3

Stelle die Gefäße an einen sonnigen Ort und lass sie ein bis zwei Tage dort stehen.

4

Anschließend weist jede Blume die Farbe ihres Wassers auf!

5

Nun zu einem anderen Experiment! Bitte einen Erwachsenen, den Stängel einer weißen Blume längs zu halbieren.

6

Stelle die Blume mit einer Hälfte des Stängels in klares Wasser und mit der anderen Hälfte in rot gefärbtes Wasser.

7

Innerhalb von zwei Tagen wird sich eine Hälfte der Blume rot gefärbt haben!

DIE ERKLÄRUNG
KAPILLAREFFEKT

Wenn das Wasser der Blütenblätter verdunstet, zieht die Pflanze Wasser aus dem Glas, um es zu ersetzen. Diesen Vorgang nennt man Kapillareffekt. Den kannst du auch beobachten, wenn du den Rand eines Papiertuchs in Wasser tauchst: Das Wasser wird zur Mitte des Tuchs gezogen. Den Transport von Wasser aus den Wurzeln zu den Blättern und Blüten nennt man Transpiration.

Piratenmotorboot

Arrrr, arrrr! Bei diesem Projekt zeigen wir dir, wie du eine gewöhnliche
Plastikflasche in ein Piratenmotorboot verwandeln kannst.

MATERIAL

Plastikflasche   Quadratischer Karton   Zwei Plastikstrohhalme

Schwarze und weiße Farbe

Handbohrer

Klebeknete   Spitzer Bleistift

Schere   360 ml Weißweinessig   Schüssel

Lebens- mittelfarbe   Trichter   1 EL Natron

1 Male Flasche, Karton und einen Strohhalm schwarz an. Ist der Karton trocken, male einen Totenkopf darauf.

2 Lege den Kartonrand auf ein Stück Klebeknete und drücke mit einem spitzen Bleistift mittig ein Loch hinein. Wiederhole das Ganze am gegen- überliegenden Rand des Kartons.

3 Schiebe den schwarzen Strohhalm wie abgebildet durch die Löcher. Befestige den Mast mit Klebeknete am Boot.

Lass dein Boot nach Schritt 3 auf dem Wasser treiben, um zu prüfen, ob es stabil ist. Ist es das nicht, beschwere es mit kleinen Steinen oder Murmeln. Schüttle die Flasche sanft, um den Ballast zu verteilen, und versuche es noch einmal.

4

Bitte einen Erwachsenen, ein Loch in den Flaschenverschluss zu bohren. Es sollte gerade so groß sein, dass der andere Strohhalm hineinpasst.

5

Schneide den Strohhalm quer in zwei Hälften und schiebe eine durch das Loch im Flaschenverschluss.

Fortsetzung auf der nächsten Seite

6

Verstopfe den Rest des Lochs innen und außen mit etwas Klebeknete, damit keine Luft entweichen kann.

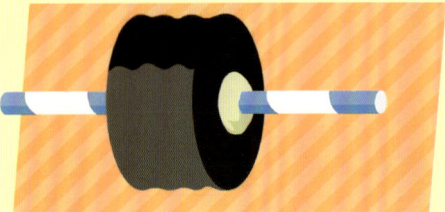

7

Gieße den Weißweinessig in eine Schüssel und rühre etwa sechs Tropfen Lebensmittelfarbe unter.

8

Stecke den Trichter in die Flasche und gieß die Essigmischung hinein.

9

Fülle die Badewanne zu etwa einem Drittel mit Wasser, steck den Trichter wieder in die Flasche und gib 1 Esslöffel Natron hinein.

10

Schraube rasch den Verschluss mit Strohhalm auf, lass das Boot zu Wasser und sieh zu, wie es davonbraust!

Sir Isaac Newton (1643 bis 1727) war ein englischer Naturforscher und Mathematiker. Berühmt geworden ist er durch seine Gesetze zu Schwerkraft und Bewegung.

DIE ERKLÄRUNG
NEWTONSCHE GESETZE

Newtons berühmtes drittes Axiom (Grundsatz) besagt, dass jede Aktion gleichzeitig eine gleich große Reaktion erzeugt. Trifft Essig auf Natron, entsteht Kohlendioxid; dies setzt Bläschen frei, die aus dem Boot schießen, das Wasser nach hinten drücken und das Boot so nach vorn katapultieren.

Schwebender Kreis

Diese faszinierende optische Täuschung erzeugt die Illusion eines Kreises, der sich scheinbar vor der Zeichnung dahinter bewegt.

Wo du mit dem Malen der Rechtecke beginnst, spielt keine Rolle, solange sie alle drei Karos lang sind – außer am Rand des Kreises.

MATERIAL

Kariertes Papier

Bleistift

Schwarzer Filzstift

Klebeband zum Umzeichnen

Radiergummi

Geduld

1

Lege die Rolle Klebeband mittig auf das karierte Papier und zeichne ihren Umriss mit Bleistift nach. Fülle den Kreis mithilfe eines schwarzen Filzstifts mit Rechtecken, bei denen jeweils drei schwarze und drei weiße Karos übereinanderstehen. Am Rand des Kreises sind die Rechtecke nicht vollständig.

2

Male nun auch die Rechtecke außerhalb des Kreises, allerdings stehen die Karos hier nebeneinander. Radiere den Bleistiftkreis aus.

3

Nun ist deine Zeichnung fertig. Siehst du, wie der Kreis über dem Papier zu schweben scheint?

DIE ERKLÄRUNG
DIE OUCHI-ILLUSION

Die optische Täuschung ist nach dem japanischen Künstler Hajime Ouchi benannt, der sie erfunden hat. Die Kombination aus senkrechten und waagerechten Rechtecken trickst das Gehirn aus. Die Illusion verstärkt sich, wenn man den Kreis aus den Augenwinkeln betrachtet oder den Kopf bewegt.

Magnetischer Zug

Dieser sehr einfach funktionierende magnetische Zug saust mit halsbrecherischer Geschwindigkeit durch einen Tunnel.

MATERIAL

Draht aus reinem Kupfer (nicht beschichtet), 16–20 Gauge, 6 m lang

Dicker Permanentmarker

AAA-Alkali-Batterie

Drahtzange

6–8 kleine Neodym-Scheibenmagnete

1

Wir beginnen mit einem kleinen Experiment. Schneide etwa zwei Meter Kupferdraht ab und wickle ihn um den Permanentmarker.

2

Wickle weiter, bis du eine rund 20 Zentimeter lange Spirale hast. Schneide den restlichen Draht ab und nimm den Stift aus der Drahtspirale.

3

Füge zwei Mal drei oder vier Scheibenmagnete zusammen. Lege die Stapel so nebeneinander, dass sie sich gegenseitig abstoßen.

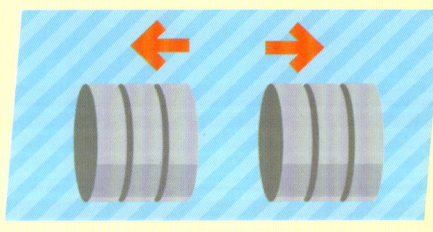

4

Lege die Stapel anschließend so an eine AAA-Alkali-Batterie, dass sie vom jeweiligen Ende der Batterie angezogen werden.

5

Schiebe den »Zug« in ein Ende der Drahtspirale. Nach etwa einer Sekunde wird er sich durch den »Tunnel« bewegen.

6

Das war das erste Experiment! Nimm nun die restlichen vier Meter Kupferdraht und baue einen richtig langen Tunnel. Schiebe den Zug an einem Ende hinein.

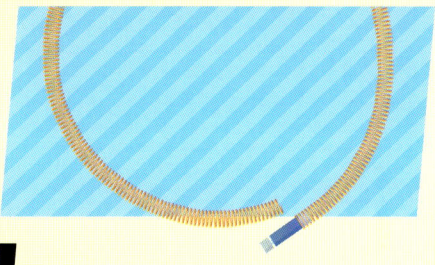

7

Ziehe die Enden des Tunnels zusammen, während der Zug losbraust.

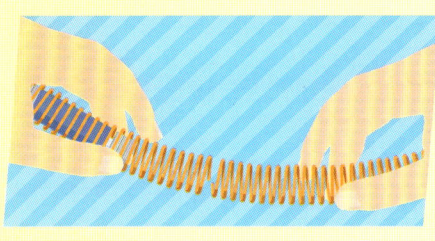

8

Der Zug fährt nun so lange durch den Tunnel, bis du ihn herauslässt.

DIE ERKLÄRUNG
MAGNETFELDER

Die Magnete müssen so an die Batterie gesetzt werden, dass entweder beide Nord- oder beide Südpole mit ihr verbunden sind. Das wiederum ergibt einen großen Magneten mit gleichen Polen an den Enden. Sie berühren den Kupferdraht und bilden einen **Stromkreis.** Der Strom seinerseits erzeugt ein Magnetfeld um den Draht, das auf das des »Zugs« einwirkt: Es stößt die Magnete hinten am Zug ab und zieht die vorderen an. Dadurch bewegt sich der Zug – allerdings nur in eine Richtung.

Luftkissenboot

Dieses einfache Luftkissenboot hebt mithilfe von Druckluft vom Boden ab und schwebt aus eigenem Antrieb durch die Gegend.

MATERIAL

Wasserflasche mit Sportverschluss

Weißleim

Alte CD

Luftballon

1

Nimm den Verschluss von der Flasche und bestreiche den unteren Rand mit Weißleim.

2

Schließe den Verschluss, drück ihn mittig auf die CD und drehe ihn etwas, um sicherzustellen, dass keine Luft entweichen kann. Lass den Leim trocknen.

3

Jetzt wird's knifflig, lass dir eventuell von einem Erwachsenen helfen. Blas den Ballon auf, verdrehe die Öffnung einige Male und stülpe sie dann über den oberen Teil des Verschlusses.

4

Suche dir eine ebene, harte Oberfläche (auf Teppich funktioniert das Ganze nicht) und öffne den im Ballon befindlichen Verschluss vorsichtig, indem du ihn nach oben ziehst.

Je größer der Ballon, desto mehr Luft fasst er und desto weiter wird er dein Luftkissenboot tragen.

5

Stelle das Luftkissenboot so schnell wie möglich ab und sieh zu, wie es abhebt!

DIE ERKLÄRUNG
LUFT UND REIBUNG

Entweicht die Luft dem Ballon, strömt sie durch das Loch im Flaschenverschluss sowie durch das Loch in der CD und dann in alle Richtungen, wobei sie die CD vom Boden hebt. Das kleine Luftkissen vermindert die **Reibung** zwischen CD und ebener Oberfläche – der Ballon hebt ab. Du kannst ihn mit dem Finger in eine beliebige Richtung stupsen.

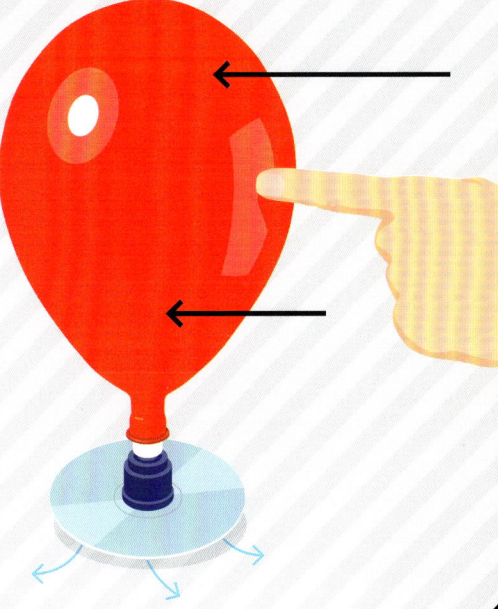

Naschkatapult

Süßigkeiten durch die Luft werfen ist nicht alles, was dieses Katapult kann —
es verdeutlicht dir auch das Prinzip der Energieübertragung.

MATERIAL

Sieben Holzspieße

Sechs Marshmallows · Plastiklöffel · Klebeband · Gummiband

Marshmallows sind sehr weich, geh also sanft mit ihnen um. Reißen sie, bau das Katapult neu auf und lass es über Nacht fest werden.

1

Lege drei Marshmallows in einem großen Dreieck auf eine ebene Oberfläche.

2

Stecke drei Holzspieße wie abgebildet so in die Marshmallows, dass sie miteinander verbunden sind.

3

Halte für die Spitze der Pyramide einen vierten Marshmallow mittig über die anderen drei und verbinde diesen mithilfe zweier weiterer Holzspieße mit den restlichen Marshmallows.

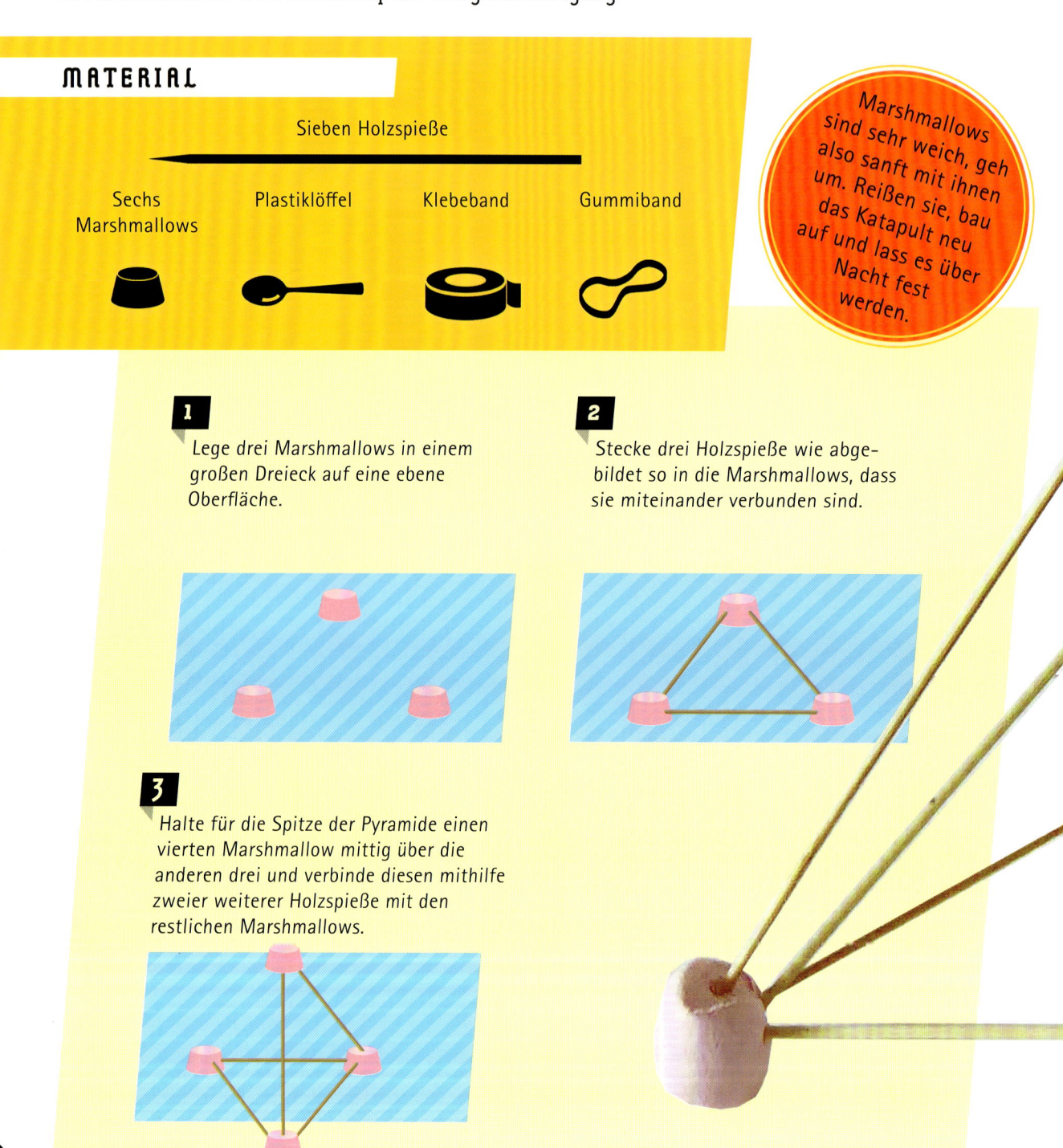

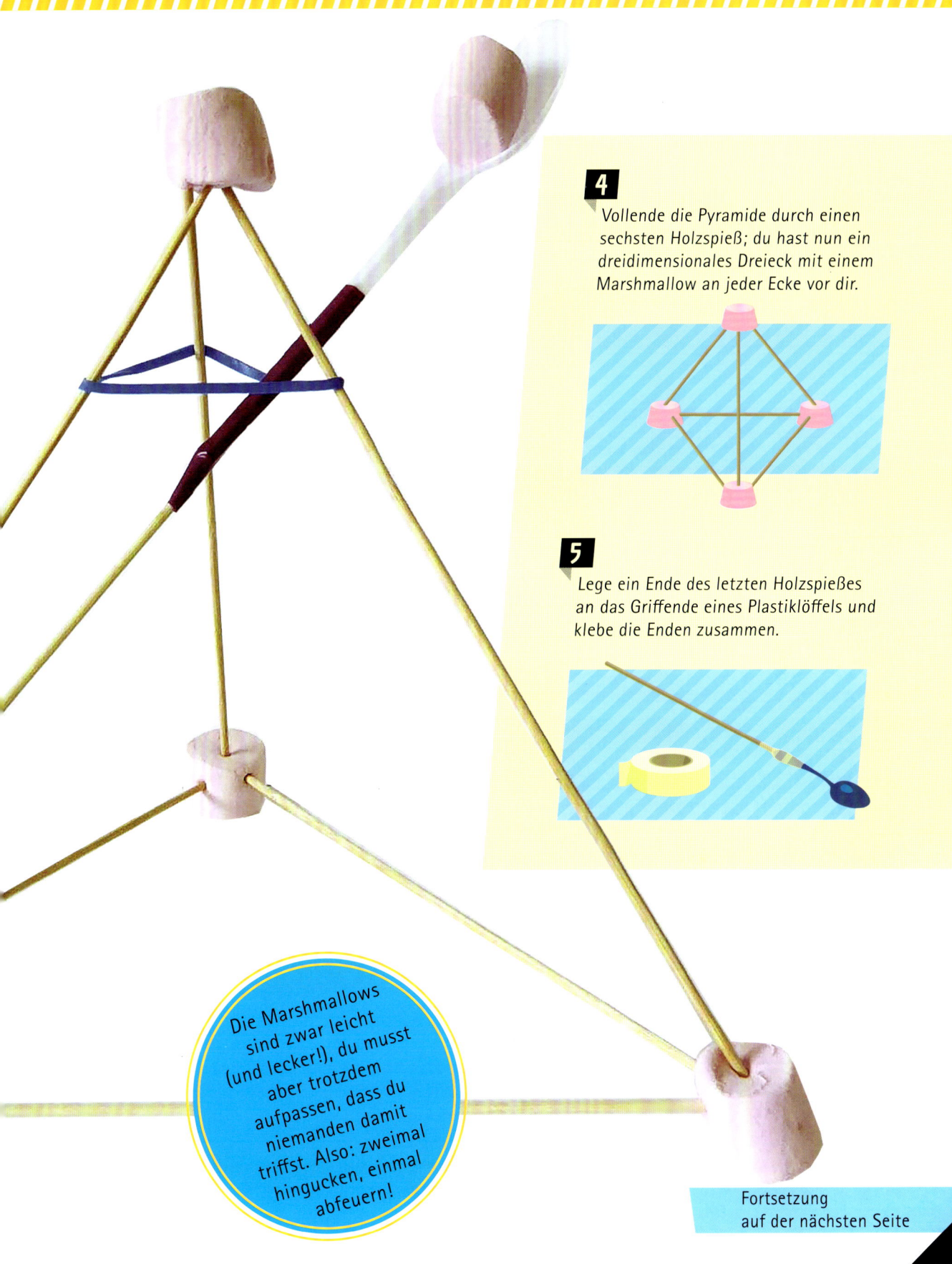

Fortsetzung
auf der nächsten Seite

4

Vollende die Pyramide durch einen sechsten Holzspieß; du hast nun ein dreidimensionales Dreieck mit einem Marshmallow an jeder Ecke vor dir.

5

Lege ein Ende des letzten Holzspießes an das Griffende eines Plastiklöffels und klebe die Enden zusammen.

Die Marshmallows sind zwar leicht (und lecker!), du musst aber trotzdem aufpassen, dass du niemanden damit triffst. Also: zweimal hingucken, einmal abfeuern!

6

Wickle das Klebeband mehrere Male darum, damit der Löffel nicht mitfliegt!

7

Lege das Gummiband über die Spitze der Pyramide.

8

Lege den Holzspieß mit dem Löffel in das Gummiband und stecke das untere Ende des Spießes in den Marshmallow.

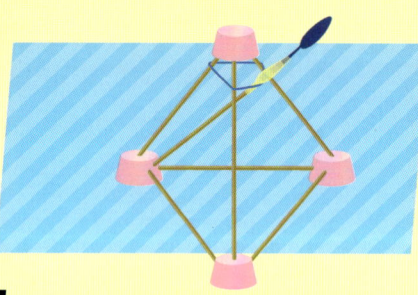

Wer aufgepasst hat, wird bemerkt haben, dass am Schluss ein Marshmallow übrig bleibt. Iss ihn – er ist deine Belohung für gute Arbeit!

9

Lege den fünften Marshmallow in den Löffel, halte das Katapult an dem Marshmallow fest, in dem vier Spieße stecken, und zieh den Löffel mithilfe des Gummis etwas nach hinten. Ist das Gummiband straff, lass den Löffel los und sieh zu, wie der Marshmallow durch die Gegend fliegt!

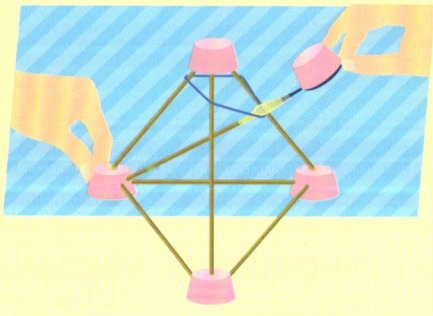

DIE ERKLÄRUNG
ENERGIEÜBERTRAGUNG

Ziehst du das Gummiband nach hinten, überträgst du Energie darauf. Der Gummi speichert die Energie, bis du den Löffel loslässt. Dann überträgt der Gummi die Energie auf den Marshmallow und lässt ihn durch die Luft fliegen.

Hüpfender Frosch

Frösche hüpfen gern, stimmt's? Aber was, wenn sie müde werden? Nun, dann brauchen sie eine helfende Hand!

MATERIAL

Schere

Schaumstoff-block

Dünner Strohhalm

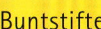

6–8 Ring-magnete

Karton

Buntstifte

Klebeband

Dicker Strohhalm

Achtung! Die Magnete sind sehr stark. Lass dir von einem Erwachsenen helfen.

1

Bohre mit einer Schere ein Loch in den Schaumstoffblock. Es sollte gerade groß genug für den dünnen Strohhalm sein.

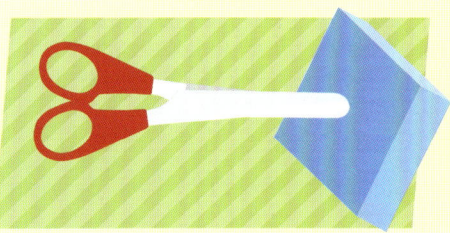

Fortsetzung auf der nächsten Seite

2

Stecke den dünnen Strohhalm in das gerade gebohrte Loch.

3

Fädle die Ringmagnete über den Strohhalm.

4

Lass einige Magnete an Ort und Stelle und zieh die restlichen über den Strohhalm wieder ab.

5

Dreh die Magnete um und fädle sie wieder über den Strohhalm. Sie schweben nun über den Magneten am Boden.

6

Wiederhole das Ganze, bis sich alle aufgefädelten Magnete gegenseitig abstoßen.

7

Zeichne mit Buntstiften einen frechen Frosch auf den Karton, male ihn aus und schneide ihn aus.

Du kannst natürlich auch alles andere zeichnen, das hüpft, z. B. einen Grashüpfer, ein Känguru oder eine mexikanische Springbohne.

Kann dein Frosch so hoch springen, dass er vom Strohhalm hüpft? Probiere es – mit mehr Magneten!

8

Schneide ein kurzes Stück vom dicken Strohhalm ab und klebe es mit Klebeband hinten an den Frosch.

9

Schiebe den dicken Strohhalm über den dünnen.

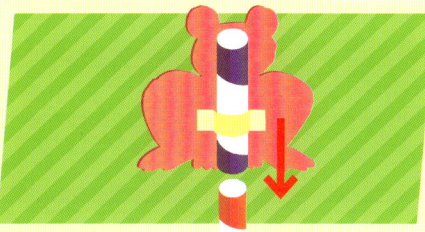

10

Drücke den Frosch nach unten, bis sich alle Magnete berühren, und lass dann los. Dein Frosch springt bis zum oberen Ende des dünnen Strohhalms!

DIE ERKLÄRUNG
MAGNETISMUS

Magnete erzeugen unsichtbare Magnetfelder, die andere Magnete entweder anziehen oder abstoßen. Der Nordpol eines Magneten zieht immer den Südpol eines anderen an, die beiden Nordpole aber stoßen einander ab – ebenso wie die beiden Südpole. Durch das Umdrehen der Ringmagnete stoßen sie sich gegenseitig ab und drücken den Frosch nach oben.

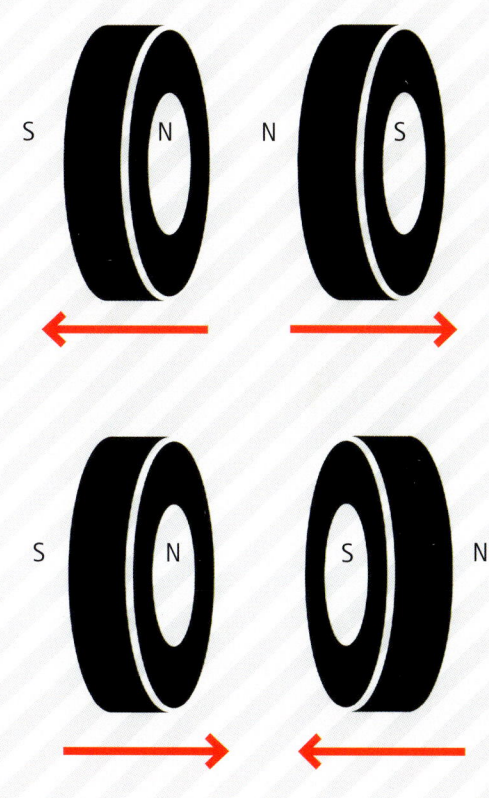

Flaschentaucher

Wie kann sich ein Taucher in einer Flasche
auf und ab bewegen, ohne dass du ihn berührst?
Finde es heraus!

MATERIAL

Moosgummi

Schere

Filzstiftkappe

Kleber

Klebeknete

Durchsichtige
Plastikflasche
(1 Liter)

Augen zum
Aufkleben

Wasser

1

Schneide die abgebildete Form aus
Moosgummi aus. Der untere Rand
sollte so breit sein, dass man die Form
komplett um die Filzstiftkappe wickeln
kann. Klebe die Form um die Kappe.

2

Befestige die Klebeknete um die
»Taille« deines Tauchers und klebe ihm
ein Paar Augen auf.

3

Entferne eventuelle Etiketten von der
Flasche und fülle sie mit Wasser. Lass dann
vorsichtig deinen Taucher zu Wasser.

4

Schraube den Verschluss auf und drücke
die Flasche etwas zusammen. Dein Taucher sollte nun zum Grund der Flasche
tauchen. Tut er das nicht, füge noch
etwas Klebeknete
hinzu.

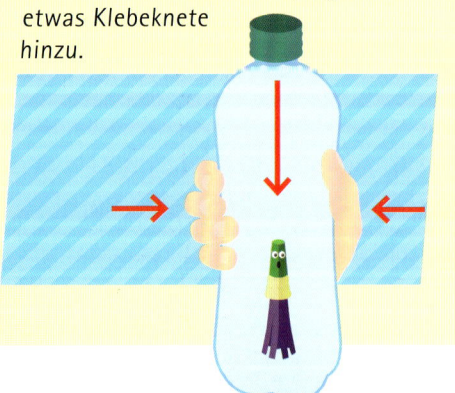

5

Drücke nun nicht mehr. Was passiert? Nach kurzer Zeit steigt der Taucher wieder nach oben!

Man nennt dieses Experiment den cartesischen Taucher. »Cartesisch« bezieht sich auf den französischen Forscher René Descartes (1596–1650), der das Experiment erfunden hat.

DIE ERKLÄRUNG
AUFTRIEB

Drückst du die Flasche zusammen, wird die wenige Luft, die sich in der Filzstift-kappe befindet, zusammengepresst und so dichter als das umgebende Wasser. Dann sinkt die Kappe nach unten. Lässt du los, dehnt sich die Luft wieder aus, drückt das Wasser aus der Kappe und verleiht dem Taucher mehr **Auftrieb,** sodass er steigt.

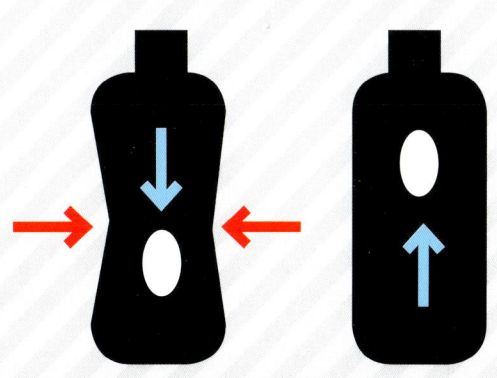

Auto mit Gummiantrieb

Schnelle Autos mag jeder. Du kannst dir sogar selbst eines bauen —
ein Auto, das nur durch Gummibänder angetrieben wird!

MATERIAL

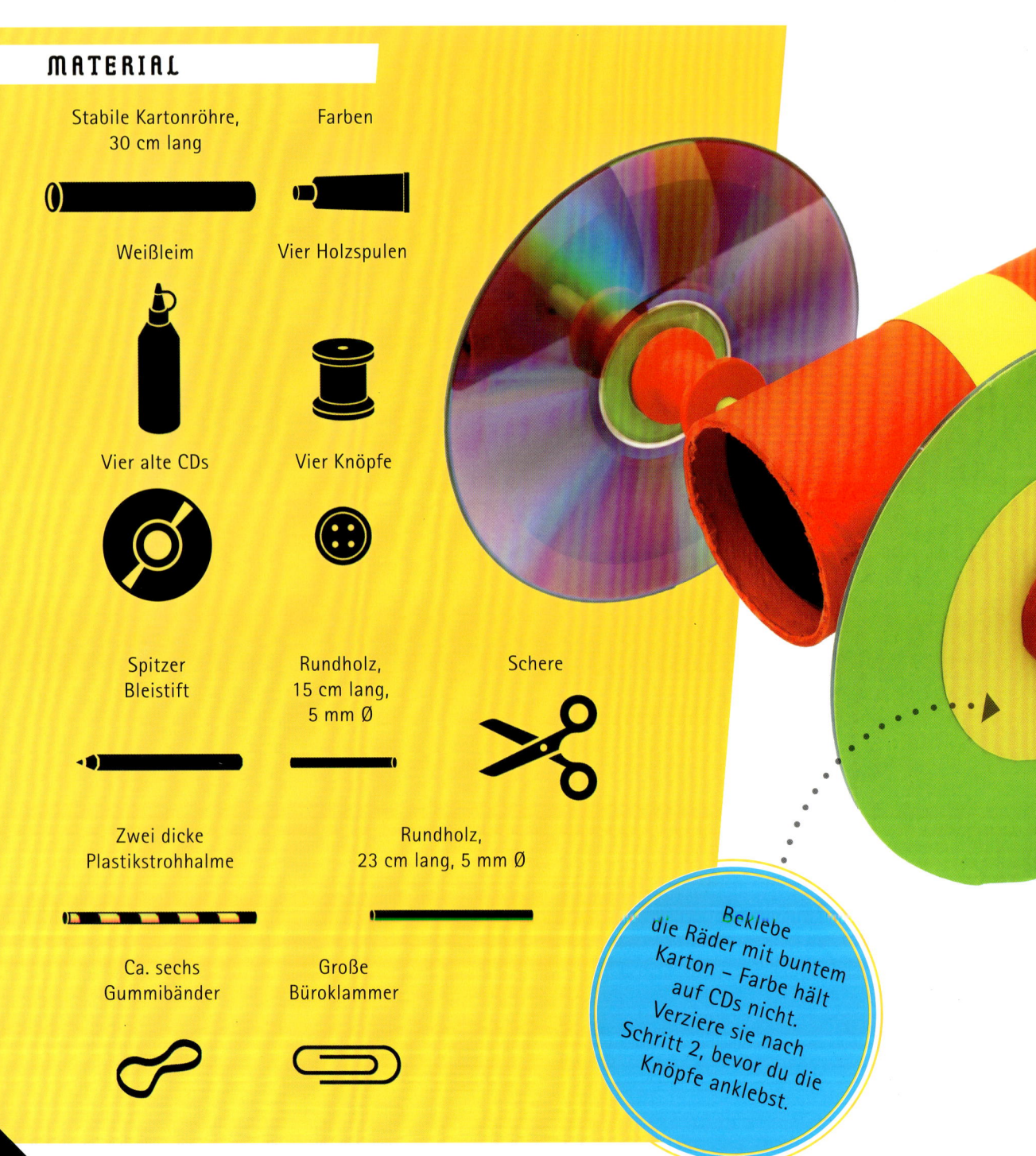

Stabile Kartonröhre,
30 cm lang

Farben

Weißleim

Vier Holzspulen

Vier alte CDs

Vier Knöpfe

Spitzer
Bleistift

Rundholz,
15 cm lang,
5 mm Ø

Schere

Zwei dicke
Plastikstrohhalme

Rundholz,
23 cm lang, 5 mm Ø

Ca. sechs
Gummibänder

Große
Büroklammer

Beklebe
die Räder mit buntem
Karton – Farbe hält
auf CDs nicht.
Verziere sie nach
Schritt 2, bevor du die
Knöpfe anklebst.

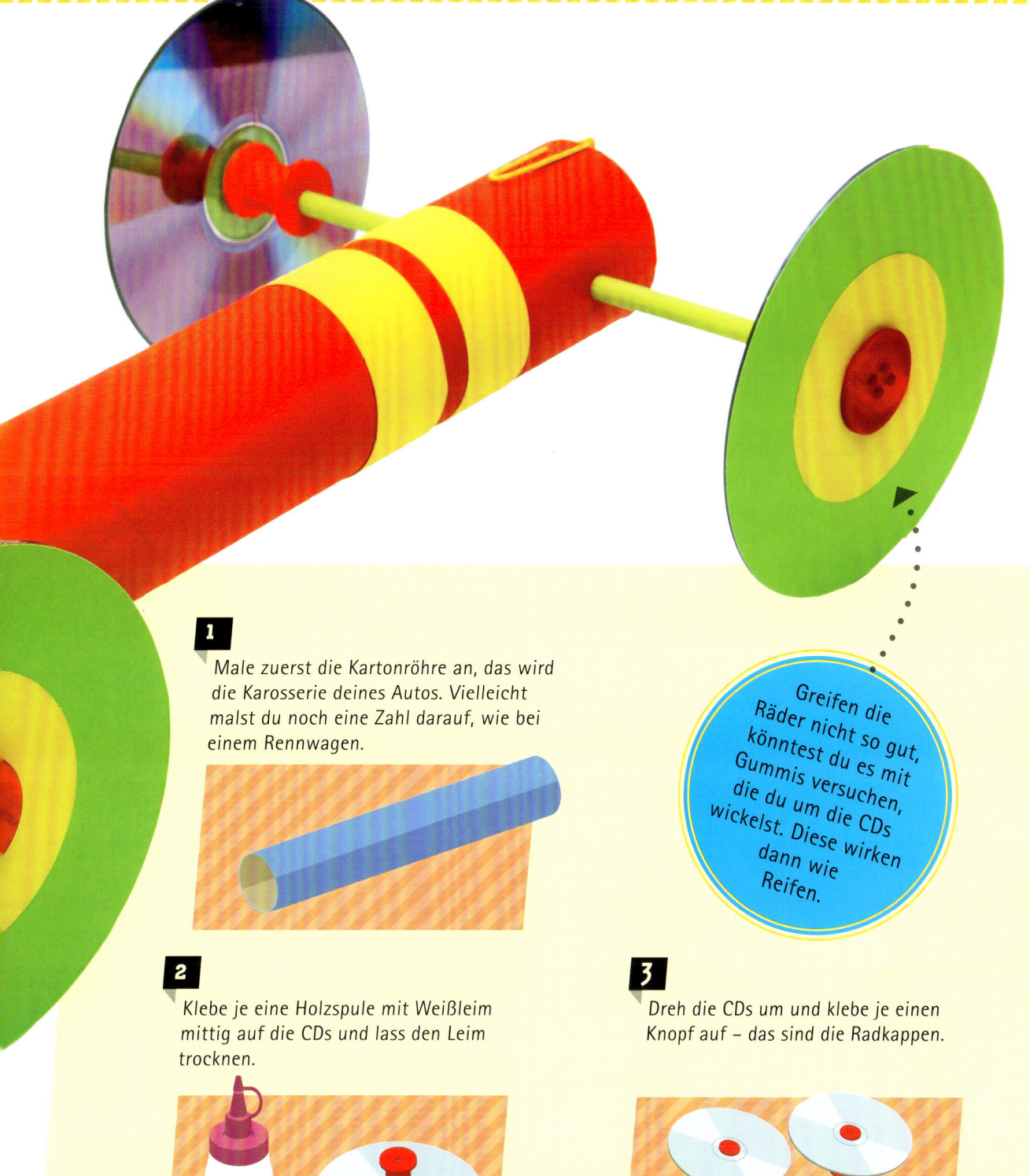

1

Male zuerst die Kartonröhre an, das wird die Karosserie deines Autos. Vielleicht malst du noch eine Zahl darauf, wie bei einem Rennwagen.

Greifen die Räder nicht so gut, könntest du es mit Gummis versuchen, die du um die CDs wickelst. Diese wirken dann wie Reifen.

2

Klebe je eine Holzspule mit Weißleim mittig auf die CDs und lass den Leim trocknen.

3

Dreh die CDs um und klebe je einen Knopf auf – das sind die Radkappen.

Fortsetzung auf der nächsten Seite

4

Bohre mit einem spitzen Bleistift ein Loch in die Kartonröhre, etwa 2½ Zentimeter vom Rand entfernt.

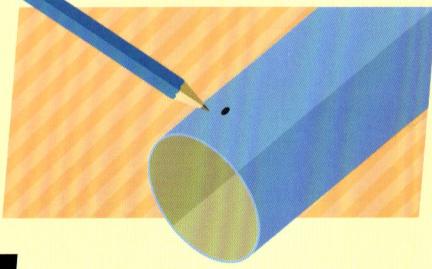

5

Bohre ein weiteres Loch auf der gegenüberliegenden Seite und schiebe das kürzere Rundholz durch beide Löcher. Das ist die Vorderachse.

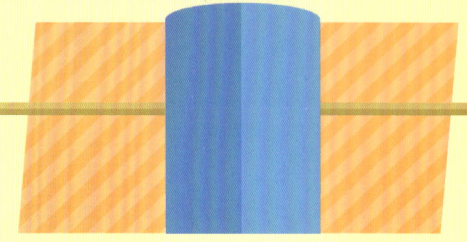

6

Schneide zwei kurze Stücke von einem der Strohhalme ab und schiebe sie wie abgebildet auf die Achse.

7

Stecke die Räder an. Sie sollten sich frei drehen können.

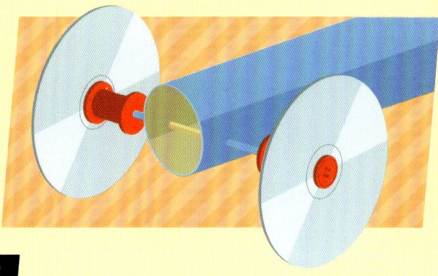

8

Nimm die Räder wieder ab und gib etwas Leim in jedes Spulenloch. Schieb die Räder wieder auf die Achse.

9

Wiederhole für die Hinterräder die Schritte 4 bis 8, aber verwende das längere Rundholz und längere Strohhalmstücke.

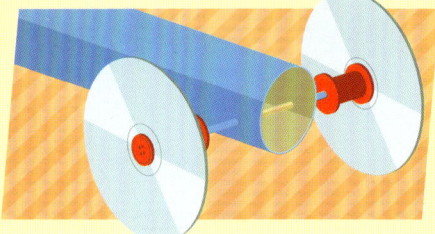

10

Forme mit den sechs Gummibändern wie abgebildet eine lange Kette von Gummis.

11

Schlinge das letzte Gummiband wie abgebildet um die Vorderachse.

12

Befestige die Büroklammer am anderen Ende der Gummis und führe sie durch die Kartonröhre.

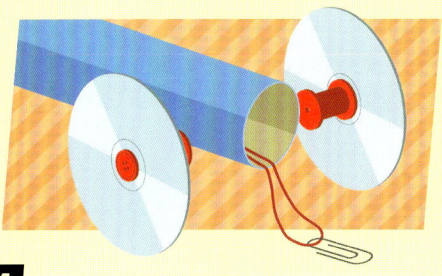

13

Schiebe die Büroklammer auf das hintere Ende der Kartonröhre.

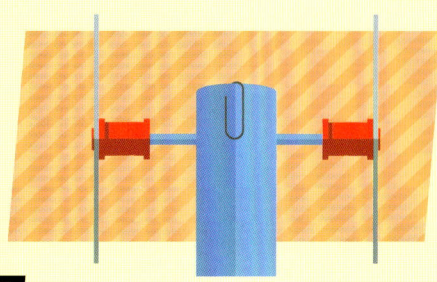

14

Zieh das Auto nun auf, indem du die Vorderräder gegen den Uhrzeigersinn drehst – so wickeln sich die Gummis um die Vorderachse.

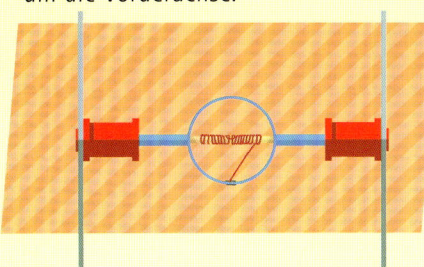

15

Sind die Gummis straff, stellst du das Auto auf den Boden und lässt los.

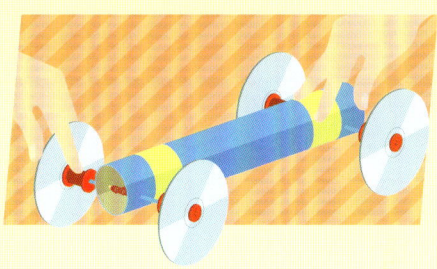

DIE ERKLÄRUNG
ENERGIESPEICHER

Wickelst du das Gummiband um die Achse, überträgst du Energie auf das sich dehnende Band. Dadurch füllt sich sein Speicher mit potenzieller Energie – er speichert Energie. Beim Loslassen der Räder nimmt der Gummi wieder seine ursprüngliche, ungedehnte Form an und überträgt die Energie auf das Auto, das sich dann bewegt.

Flieger ohne Tragflächen

Ein Flugzeug ohne Tragflächen fliegt nicht besonders weit, könnte man denken. Na, dann sieh dir mal diesen tragflächenlosen Gleiter an: Er fliegt viel weiter als ein gewöhnlicher Papierflieger!

MATERIAL

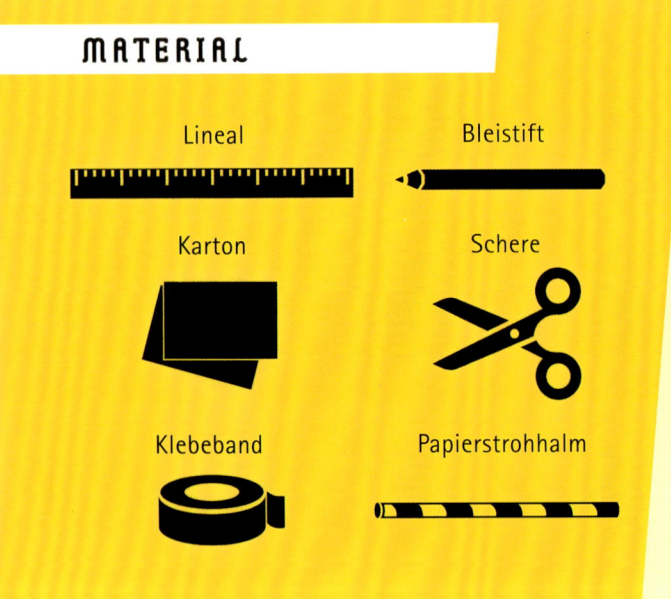

Lineal

Bleistift

Karton

Schere

Klebeband

Papierstrohhalm

1 Zeichne mit Bleistift und Lineal zwei etwa 2½ Zentimeter breite Streifen auf dünnen Karton. Ein Streifen ist ungefähr halb so lang wie der andere. Schneide die Streifen aus.

2 Biege die Streifen zu Ringen und klebe die Enden mit Klebeband zusammen.

3 Klebe die Streifen wie unten abgebildet an den Strohhalm.

4 Nun wirf deinen Flieger in die Luft, wobei der kleinere Ring vorn ist.

DIE ERKLÄRUNG
LUFTAUFTRIEB

Die Ringe fungieren als Tragflächen. Beim Werfen erzeugt die Luft um die Ringe Auftrieb, eine Kraft, die den Flieger nach oben drückt. Zudem erzeugt der große Ring Luftwiderstand, der den Flieger gerade hält, während der kleinere dafür sorgt, dass er sich in der Luft nicht dreht.

Dein Flieger fliegt nicht so weit, wie er könnte? Dann befestige eine Büroklammer am vorderen Ende des Strohhalms und versuch es noch einmal.

Fisch im Glas

Zauberei! Hier lässt du es so aussehen, als ob der Fisch im Glas schwimmt, obwohl er dort gar nicht ist.

Stell dir beim Zeichnen des Fischs die Umrisse des Glases vor, damit der Fisch hinterher an der richtigen Stelle ist.

MATERIAL

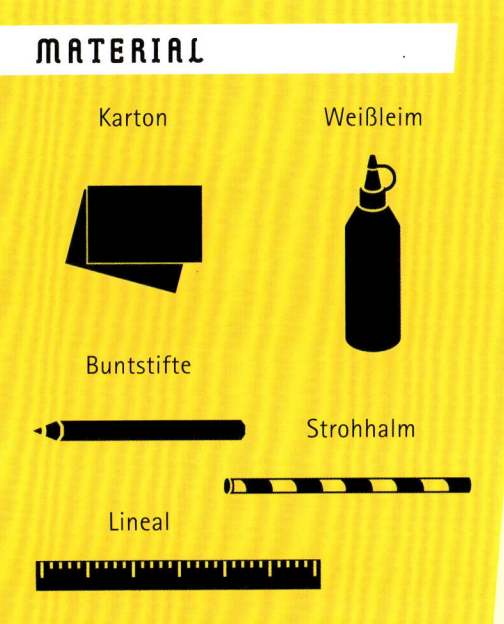

Karton

Weißleim

Buntstifte

Strohhalm

Lineal

1

Falte einen rechteckigen Karton so in der Mitte, dass sich die beiden kurzen Seiten treffen. Zeichne vorn ein leeres Glasgefäß und hinten einen Fisch auf. Pass aber auf, dass dein Fisch nicht auf dem Kopf steht!

2

Öffne den Karton und zeichne innen mithilfe von Lineal und Bleistift die senkrechte Mittellinie ein. Klebe das obere Ende des Strohhalms auf die Linie. Trage dann Leim auf die Ränder des Kartons auf und klebe ihn zusammen. Lass das Ganze trocknen.

3

Nimm den Strohhalm zwischen deine Handflächen und rolle ihn schnell hin und her. Es sieht nun so aus, als sei der Fisch im Glas.

DIE ERKLÄRUNG
NACHBILDWIRKUNG

Ein Bild wie z. B. das des Fischs oder des Glases bleibt noch etwa eine Zehntelsekunde lang im Gehirn, auch wenn wir das Bild nicht mehr vor Augen haben. Man nennt das Nachbildwirkung. Beim schnellen Drehen der Karte blendet das Gehirn die beiden Bilder ineinander, sodass der Eindruck entsteht, der Fisch sei im Glas.

Verschwindender Regenbogen

Es ist schon toll, einen Regenbogen zu sehen. Auch nicht schlecht: einen verschwinden zu lassen!

MATERIAL

Bunte Wachsmalstifte

Weißer Karton

Schere

Lineal

Klebeknete

Holzspieß

1

Zeichne einen Kreis auf weißen Karton und schneide ihn aus. Teile den Kreis mithilfe eines Lineals in acht gleich große Kuchenstücke ein.

2

Male die Stücke in dieser Farbreihenfolge an: rot, orange, gelb, grün, blau, **indigo** und violett. Das letzte Stück bleibt weiß.

3

Gib etwas Klebeknete auf den Tisch und lege den Kartonkreis mittig darauf. Bohre mit einem Holzspieß ein Loch in die Mitte des Kartonkreises.

4

Bewege den Holzspieß, um das Loch etwas größer zu machen, und drehe die Scheibe dann mithilfe des Spießes. Plötzlich sind die Farben weg, du siehst nur noch ein Grauweiß. Der Regenbogen ist verschwunden!

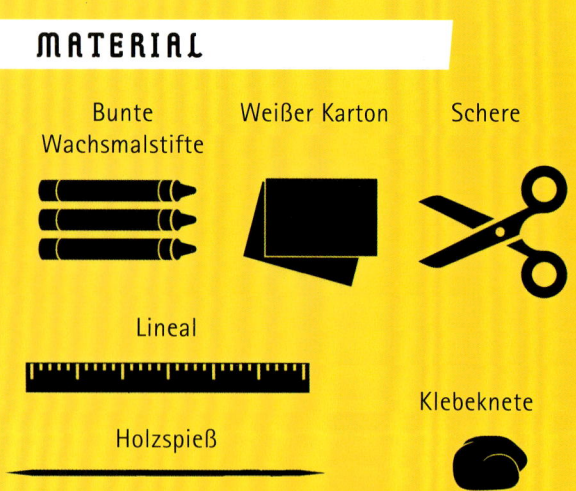

Rutscht der Kreis beim Drehen den Spieß hinunter? Dann nimm ihn noch einmal ab und klebe eine kurzes Stück Strohhalm ans obere Ende des Spießes. Das verhindert das Rutschen.

DIE ERKLÄRUNG
LICHT UND FARBE

Weißes Licht besteht aus allen anderen Farben, die wir sehen können **(sichtbares Spektrum).** Beim schnellen Drehen des Kreises kann das Auge die Farben nicht mehr unterscheiden – sie verschmelzen zu einem Grauweiß.

Spiralenmobile

Dieses großartige Mobile windet sich wie eine
Schlange in der Luft — und zwar ganz von selbst!

MATERIAL

Bleistift	Quadratisches Stück dünner Karton	Filzstifte

Schere	Klebeknete	Schnur

1

Zeichne einen kleinen Kreis mittig auf den Karton und anschließend eine Spirale um den Kreis herum. Zum Schluss sollte die Spirale den gesamten Karton ausfüllen. Verziere sie mit Filzstiften.

2

Schneide die Spirale vorsichtig aus. Beginne am Rand und arbeite dich zum Zentrum der Spirale vor.

3

Lege etwas Klebeknete auf den Tisch und den Kreis der Spirale darauf. Bohre mit einem spitzen Bleistift mittig ein kleines Loch hinein. Verknote ein Ende der Schnur und fädle das andere Ende durch das Loch. Bitte einen Erwachsenen, dein Mobile über einer Heizung aufzuhängen. Und nun sieh zu, was passiert!

DIE ERKLÄRUNG
WARME LUFT STEIGT AUF

Warme Luft ist leichter als kalte und steigt deshalb nach oben. Die Heizung erwärmt die Luft über sich. Diese steigt auf und bewegt so das Mobile.

Wenn du die Kartonspirale nicht über einer Heizung aufhängst, dreht sie sich auch nicht, da keine warme Luft sie bewegt.

Explodierende Stöckchenbombe

Na gut, das ist nicht wirklich eine Bombe, und die Stöckchen explodieren auch nicht wirklich.
Aber es ist ein hübscher Trick, mit dem man das Prinzip der Kettenreaktion veranschaulichen kann.

1

Lege zwei Stöckchen so zu einem V,
dass sie sich unten überschneiden.

2

Lege ein drittes Stöckchen wie
abgebildet darauf.

3

Halte die Konstruktion unten fest
und schiebe ein viertes Stöckchen wie
abgebildet dazwischen.

4

Schiebe das Stöckchen aus Schritt 3
etwas nach unten und füge das fünfte
Stöckchen wie abgebildet in die
Konstruktion ein.

5

Und so sieht deine fertige »Bombe« aus.

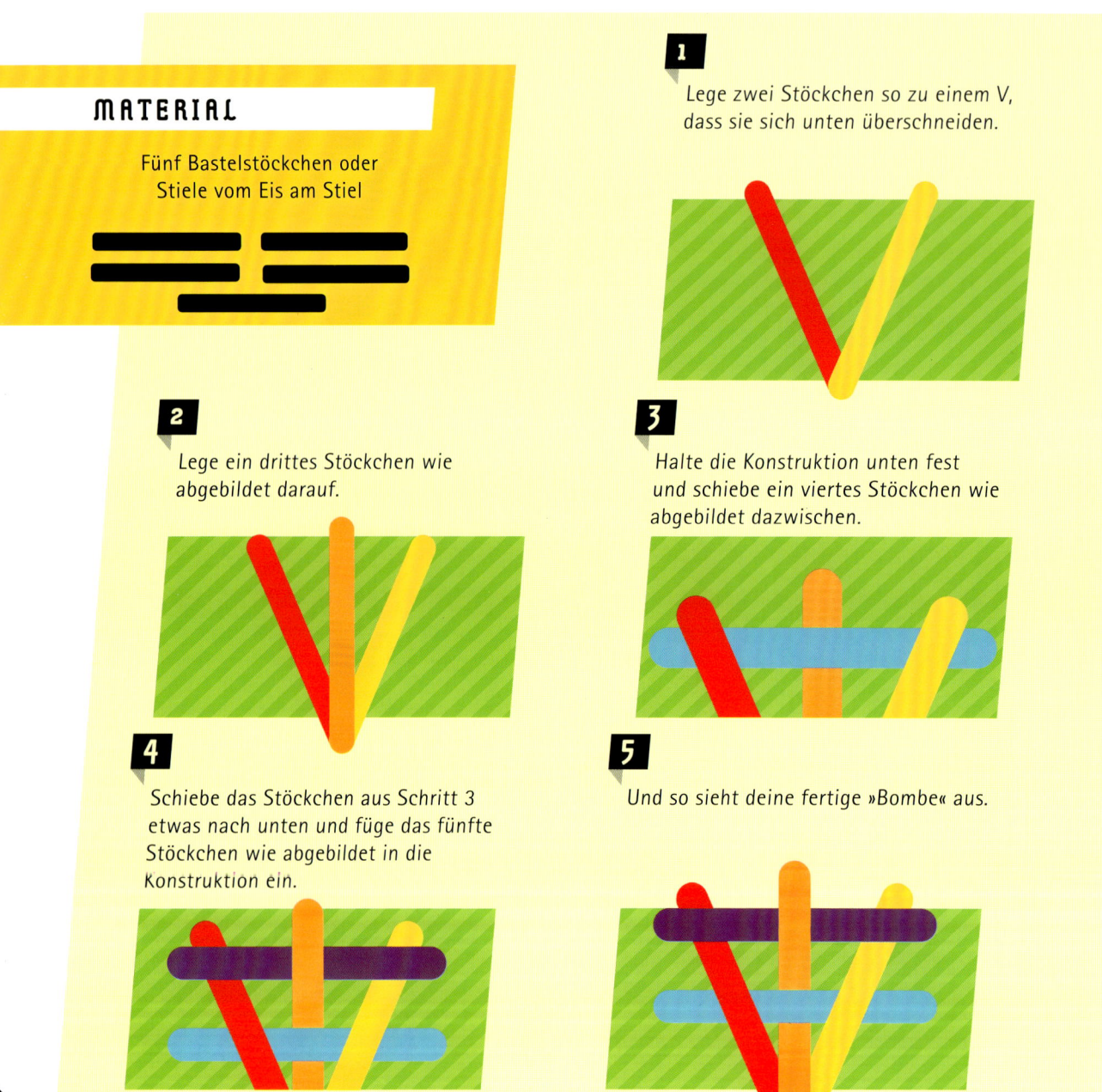

6

Lass sie auf eine harte Oberfläche wie z. B. einen Fliesenboden fallen. Dabei werden die Stöckchen in alle Richtungen geschleudert.

DIE ERKLÄRUNG
KETTENREAKTION

Beim Zusammensetzen der Stöckchen kannst du spüren, wie sie immer mehr unter Spannung stehen. Trifft die »Bombe« auf etwas, gerät die Konstruktion aus dem Gleichgewicht und die Einzelteile kehren zu ihrem natürlichen Zustand ohne Spannung zurück. Dabei steckt ein Stöckchen das nächste an (Kettenreaktion).

Es gibt noch viel kompliziertere Stöckchenbomben als diese. Suche im Internet z. B. nach »Eisstiel-Domino« oder »Eisstiel-Cobra«. Es gibt Muster, in die Hunderte von Stöckchen eingearbeitet sind!

Unzerbrechliches Ei

Man kann ein rohes Ei aus großer Höhe fallen lassen, ohne dass es kaputtgeht?
Ja — mit nur ein paar Strohhalmen und etwas Klebeband!

MATERIAL

Zwei stabile Plastikstrohhalme, z. B. in Rot

Zwölf weitere stabile Plastikstrohhalme, z. B. in Blau

Rohes Ei   Breites Klebeband   Schere

1

Schneide die beiden roten Strohhalme jeweils in drei Stücke, die etwas länger sind als das Ei.

2

Klebe die sechs Stücke zu einer Pyramide zusammen und stelle das Ei hinein. Es sollte fest darin sitzen.

3

Klebe dann jeweils zwei blaue Strohhalme längs aneinander.

4

Klebe einen langen blauen Strohhalm an eine Grundseite der Pyramide.

5

Klebe einen zweiten wie abgebildet an die Pyramide.

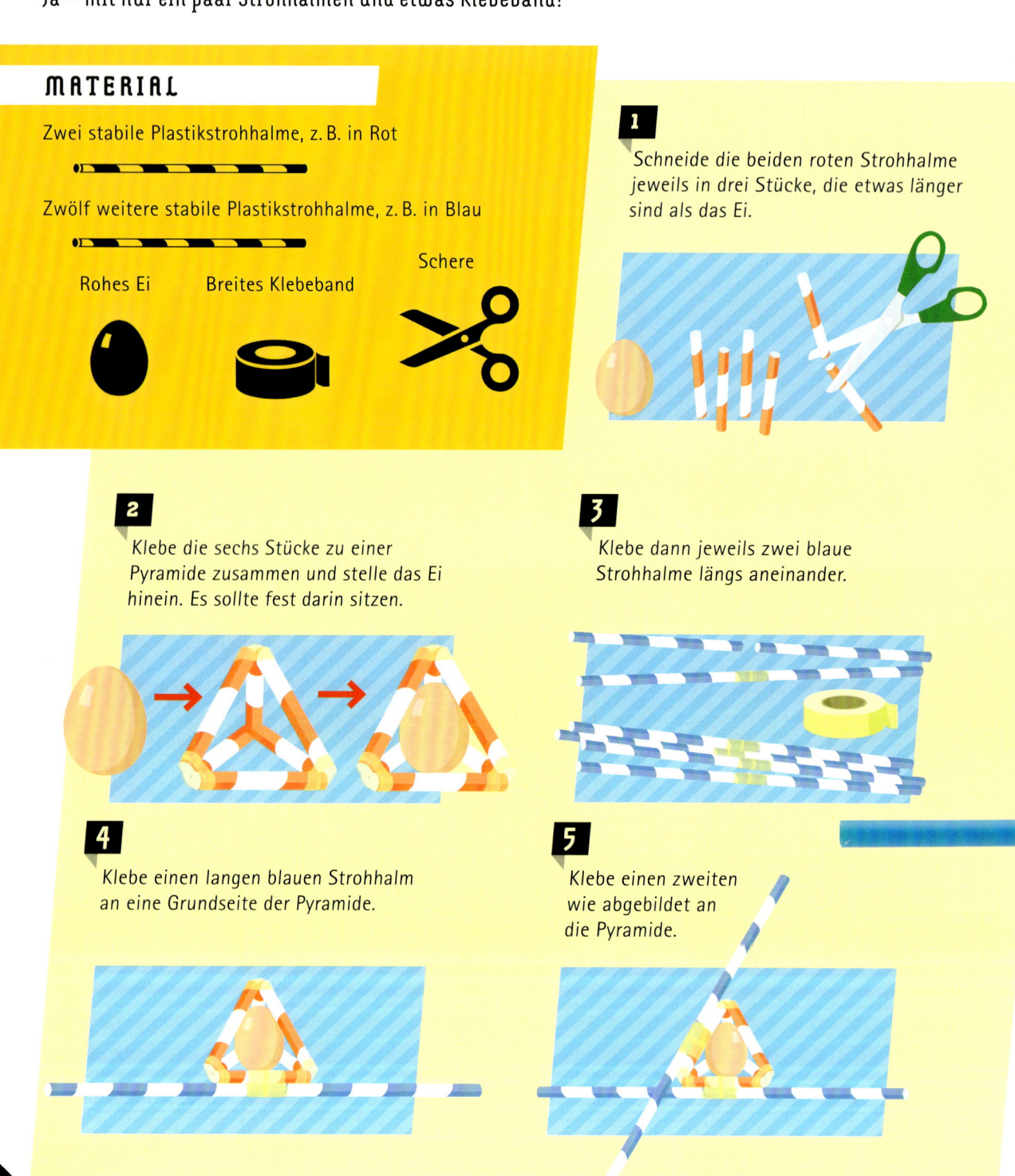

6

Fahre so fort, bis jeder rote Strohhalm durch einen blauen verlängert und verstärkt ist.

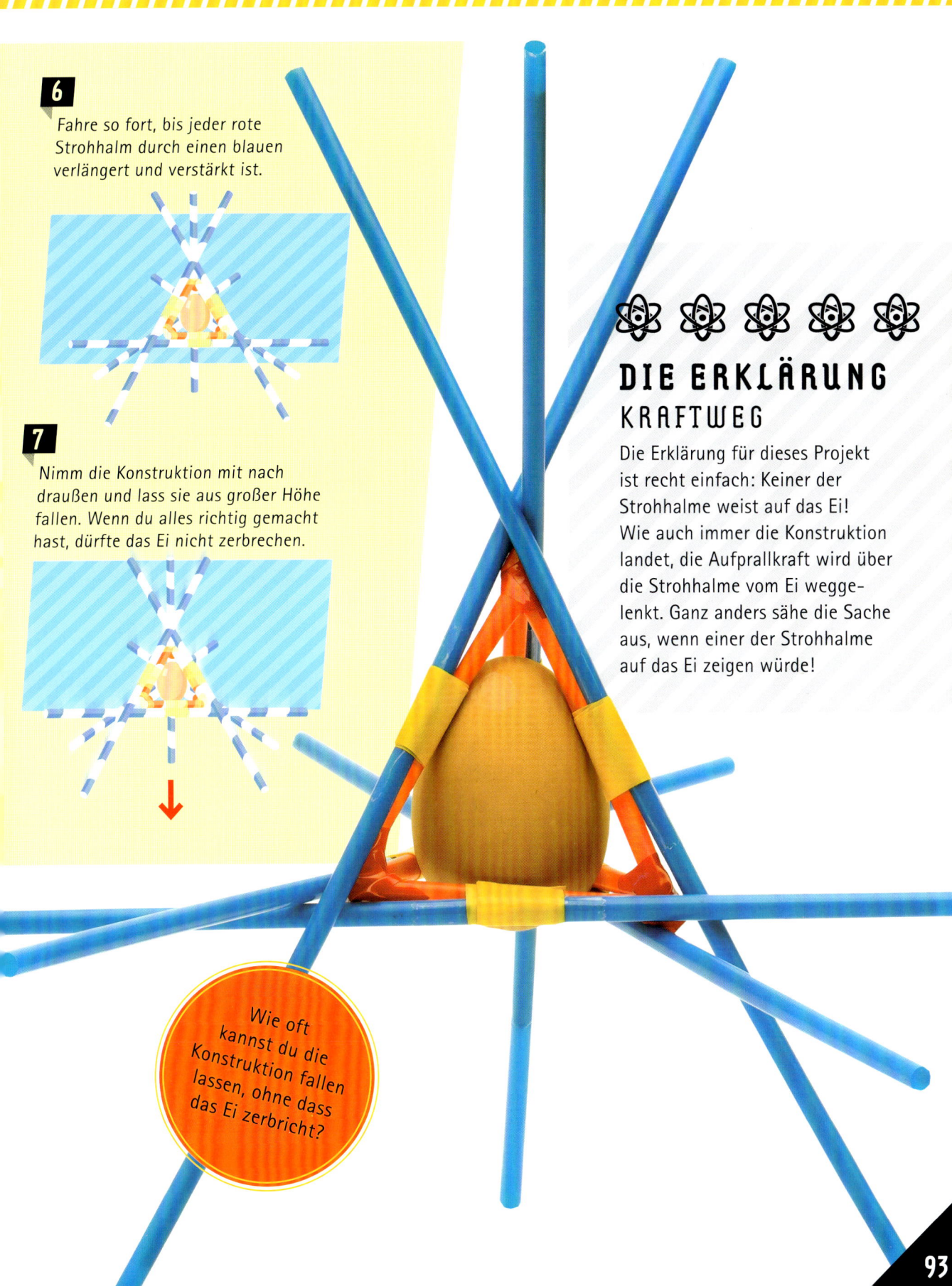

7

Nimm die Konstruktion mit nach draußen und lass sie aus großer Höhe fallen. Wenn du alles richtig gemacht hast, dürfte das Ei nicht zerbrechen.

DIE ERKLÄRUNG
KRAFTWEG

Die Erklärung für dieses Projekt ist recht einfach: Keiner der Strohhalme weist auf das Ei! Wie auch immer die Konstruktion landet, die Aufprallkraft wird über die Strohhalme vom Ei wegge-lenkt. Ganz anders sähe die Sache aus, wenn einer der Strohhalme auf das Ei zeigen würde!

Wie oft kannst du die Konstruktion fallen lassen, ohne dass das Ei zerbricht?

Glossar

Hier findest du einige Begriffe, die bei den einzelnen Projekten eine Rolle spielen, noch einmal aufgelistet und näher erläutert.

3D
Abkürzung für dreidimensional. Eine Zeichnung ist zweidimensional – sie besitzt eine Höhe und eine Breite. Du kannst ihr durch Schattierungen und Perspektive jedoch eine Tiefenwirkung verleihen, die die Illusion einer dritten Dimension erzeugt.

Auftrieb
Durch den Auftrieb kann etwas in einer Flüssigkeit treiben oder schwimmen.

Bakterien
Winzige Organismen aus jeweils nur einer Zelle, die Probleme verursachen können. Beispielsweise können Bakterien zu Halsschmerzen führen.

Binär
Etwas, das nur aus zwei Dingen besteht, etwa aus einer 0 und einer 1, oder ein Schalter, der an- und ausgeschaltet werden kann.

Buttermilch
Säuerliche Flüssigkeit, die nach dem Buttern übrig bleibt.

Chemisches Element
Eine Substanz, die nur eine Art von Atom enthält.

Druck
Krafteinwirkung über eine Fläche auf einen Gegenstand. Luft z. B. kann von innen an die Wände eines Ballons drücken oder Wasser an die Wände eines Gefäßes.

Energie
Die Fähigkeit, Dinge zu tun. So schenkt uns z. B. unsere Nahrung die Energie, die wir brauchen, um uns warm zu halten, uns zu bewegen und zu sprechen. Batterien stellen Energie zur Verfügung, ohne die ein Elektrogerät nicht funktionieren würde.

Frequenz
Anzahl der Schallschwingungen pro Sekunde.

Geometrie
Die Lehre der Formen und wie sie zusammenpassen.

Indigo
Tiefblaue bis violette chemische Verbindung und die nach ihr benannte Farbe.

Kohlenstoff
Ein chemisches Element, das in jedem Lebewesen enthalten ist – ernsthaft! Jeder, der dieses Buch liest, besteht zu 18 Prozent aus Kohlenstoff.

Kondensieren
Das passiert, wenn ein Gas abkühlt und sich in eine Flüssigkeit verwandelt. An heißen Tagen kondensiert beispielsweise die Feuchtigkeit in der Luft zu Wassertröpfchen auf einer Getränkedose aus dem Kühlschrank.

Kraft
Die Wirkung, die ein Gegenstand auf einen anderen hat. Es gibt Zug- und Druckkräfte.

Magnetfeld
Der Bereich um einen Magneten, in dem magnetische Kräfte alles, was aus magnetischem Material besteht, anziehen oder abstoßen können.

Masse
Unter Masse versteht man die Menge an Materie, die einen bestimmten Gegenstand ausmacht. Jeder Gegenstand im Universum verfügt über Masse. Normalerweise wird sie als Gewicht gemessen, obwohl sie nicht mit diesem identisch ist, denn Gewicht ist eine Kraft (der Grad der Anziehung einer Masse aufgrund der Erdanziehungskraft).

Materie
Alles, was eine Masse hat und Raum einnimmt, besteht aus Materie. Auch du und dieses Buch.

Moleküle
Eine Gruppe von Atomen, die chemisch miteinander verbunden sind.

Nährstoffe
Substanzen, die Pflanzen und Tiere zum Leben und Wachsen brauchen. Die in der Nahrung enthaltenen

Nährstoffe liefern Energie. Zu den Nährstoffen gehören z. B. auch Mineralien in der Erde.

Oxidation
Zu dieser chemischen Reaktion kommt es, wenn eine Substanz mit Sauerstoff reagiert. Ist Eisen Sauerstoff ausgesetzt, rostet es.

Partikel
Winzige Materieteilchen.

Reibung
Der Widerstand, der erzeugt wird, wenn ein Gegenstand über die Oberfläche eines anderen bewegt wird. Unterschiede in der Reibung erkennst du, wenn du ein Spielzeugauto einmal über einen Holzboden und einmal über einen Teppich rollen lässt.

Resonieren
Ein Geräusch hält länger an, wenn es von einer Oberfläche zurückgeworfen wird oder andere Gegenstände in seiner Umgebung zum Mitschwingen bringt. Wenn du in einen leeren Raum hineinrufst, resoniert deine Stimme, d. h., sie wird von den Wänden zurückgeworfen.

Säuren (und Basen)
Unter Säure versteht man eine Substanz, die heftig mit einigen Metallen reagiert und sauer schmeckt. Zitronen enthalten Zitronensäure, deshalb schmecken sie so sauer. Säuren können durch andere Substanzen namens Basen, die wasserlöslich sind, neutralisiert werden.

Schwingungen
Das Schütteln von Partikeln, aus denen ein Gegenstand besteht. Wenn du z. B. mit einem Lineal auf den Tisch schlägst oder an einem Gummi zupfst, versetzt du das Lineal bzw. den Gummi in Schwingung.

Sichtbares Spektrum
Alles, was wir sehen können, z. B. Licht. Es gibt auch ein elektromagnetisches Spektrum voller Dinge, die wir nicht sehen können; dazu gehören auch ultraviolettes Licht und Radiowellen.

Sternkonstellation
Mehrere Sterne, die ein Muster bilden, auch Sternbild genannt. Meist bezieht sich das Muster auf einen Gegenstand, der mit der Erde zu tun hat – wie beim Pflug –, oder auf eine Figur aus der Mythologie – wie bei Pegasus, dem geflügelten Pferd.

Stromkreis
Der Weg, den ein elektrischer Strom nimmt und auf dem er Energie überträgt.

Theorien
Sie sollen Dinge erklären, die geschehen, und basieren auf Beobachtungen und Experimenten. Manche wissenschaftliche Theorien wurden allerdings ohne Beweise aufgrund von Mutmaßungen aufgestellt.

Tonhöhe
Ein tiefer Ton hat eine niedrige Tonhöhe, ein hoher Ton hat entsprechend eine hohe Tonhöhe. Sie ist das Ergebnis von Schallwellen, die in verschiedenen Frequenzen vibrieren.

Verdunsten
Wenn eine Flüssigkeit erhitzt wird und sich in Gas verwandelt, verdunstet sie. Wenn du eine kalte Getränkedose aus dem Kühlschrank nimmst, bilden sich bei Zimmertemperatur Kondensationströpfchen auf der Dose. Diese verdunsten nach und nach, und die Dose ist wieder trocken.

Verstärken
Beim Verstärken wird die Lautstärke eines Tons erhöht, der Ton wird also lauter. Das kann man z. B. durch die Konzentration des Klangs erreichen: Wenn du deine Hände gewölbt um den Mund legst, kannst du lauter rufen.

Vorhersagen
Wissenschaftlich basierte Mutmaßungen über Geschehnisse in der Zukunft anstellen. Die Mutmaßungen beruhen auf Beobachtungen der Geschehnisse in der Vergangenheit.

Weichmacher
Dieser wird einer Substanz hinzugefügt, um sie biegsamer und weniger spröde zu machen.

Register

A

Aggregatzustände 15
Astronomie 57
Auftrieb 81
Auto mit Gummiantrieb 82–85

B

Beobachtung 60
Binärcode 19–21
Blasen 40, 48–51, 68
blühende Farben 64f.

C

cartesischer Taucher 81
cleverer Kompass 16–18
codierte Botschaften 22f.

D

Druck 59

E

Eiscreme 36f.
elektromagnetisches Spektrum 43
Emulsionen 45
Energiespeicher 85
Energieübertragung 76
Erkalten 35, 37
Essig 40, 68
Essigvulkan 38–40
explodierende Stöckchenbombe 90f.

F

Feststoffe 15, 29, 35, 59
Fisch im Glas 87
Fischtapete 12f.
Flaschentaucher 80f.
Flieger ohne Tragflächen 86
Fluoreszenz 43
Flüssigkeiten 15, 35, 45, 59
Fotosynthese 55
Frequenz 31

G

gackernder Becher 32f.
Garten im Glas 52–55
Gase 15
Geheimschmuck 19–21
geometrische Form 13
Gleiter 86

H

hüpfender Frosch 77–79

I

im Dunkeln leuchtende Götterspeise 41–43

K

Käferoskop 60
Kapillareffekt 65
Kettenreaktion 90f.
Kleiderbügelglocke 28f.
Kohlendioxid 40, 55, 68
Kohlenstoff 10
Kompasse 16–18
Kondensation 55
Kräfte 15, 86
Kraftweg 93
Kugeln 51

L

Luftauftrieb 86
Luftkissenboot 72f.
Luftwiderstand 86

M

Magnete 16–18, 71, 79
Magnetfelder 71, 79
magnetische Anziehungskraft 18
magnetische Pole 18, 71, 79
magnetischer Zug 70f.
Materie 15
messen und aufzeichnen 61
Mikrowellen 43
Mobile 89
Möbius-Rätsel 11

M

Moleküle 35
Mundharmonika 30f.
Murmelbutter 44f.
Musik 24–31

N

Nachbildwirkung 87
Nährstoffe 63
Naschkatapult 74–76
Newtonsche Gesetze 68

O

Oberflächenspannung 51
optische Täuschungen 9, 69, 87
Ouchi-Illusion 69
Oxidation 10

P

Panflöte 26
Papiertreppe 8f.
Parkettierung 13f.
Partikel 15, 47
Piratenmotorboot 66–68
Polymer Clay 47

R

Radiowellen 43
recycelte Wachsstifte 14f.
Regenbogen 88
Regenmesser 61
Reibung 73
Resonanz 27
Resonanzboden 33
Riesenseifenblasen 48–51

S

Saiteninstrumente 24f.
Salz 37
Säure 40
Schallleitung 29
Schallwellen 27, 29
schmelzen 15, 35, 37
Schmuck 19–21
Schokoladenbilder 34f.
Schuhkartonharfe 24f.
Schwarzlicht 41, 43
schwebender Kreis 69

Schwingungen 25, 26, 29, 31, 33
selbst gemachtes Eis 36f.
selbst getöpferte Schale 46f.
sichtbares Spektrum 88
Smartphone-Ghettoblaster 27
Sphärenklänge 24f.
Spiel den Blues 30f.
Spiralenmobile 89
Sterngucker 56f.
Sternkonstellationen 57
Stromkreise 71
Substitutionscode 23

T

Terrarien 52–55
Theorien 60
Tonhöhe 26, 31
Transpiration 65
Treibsandglibber 58f.

U

ultraviolettes Licht 41, 43
unsichtbare Tinte 10
unzerbrechliches Ei 92f.

V

verblüffende Avocado 62f.
Verdunstung 47, 65
verschwindender Regenbogen 88
Verstärkung 25, 27, 33
Viskosität 59
vorhersagen 61
Vulkane 38–40

W

warme Luft 89
Wasserdampf 55
Wasserkreislauf 55
Weichmacher 47
weißes Licht 88
Wetter 61